KB203369

종교문해력 총서 1 종교

종교 이후의 종교

내 안의 엑스터시를 찾아서

종교문해력 총서 1 종교

종교 이후의 종교

내 안의 엑스터시를 찾아서

성해영 지음

불광출판사

일러두기

- 책에 사용된 이미지는 출처를 밝혔습니다. 출처 표기가 잘못됐거나
  허락을 얻지 않고 사용한 것이 있을 경우 연락해 주시면 재쇄 시 반영하겠습니다.

이제 종교문해력이다

인류 문명사에서 오랜 기간 종교는 삶의 나침반이었고, 절망의 시간에는 희망의 등불이었습니다. 그러나 오늘날과 같은 다원화된 세계, 다양한 문제들이 등장하는 시대에 종교의 역할은 제한적일 수밖에 없습니다. 과학과 인문적 지식으로 계몽된 세계에서 사람들은 종교가 개인과 사회의 모든 문제에 답을 줄 수 있다고 기대하지 않습니다. 종교에 대한 믿음의 방식과 내용에도 적지 않은 변화가 일어나고 있습니다. 오늘날 종교는 더 이상 초자연적 신(神)이나 '절대자'에 대한 믿음에만 국한되는 것이 아니며, 종교적 가르침은 세속에서의 '좋은 삶' 곧 개인과 공동체의 안녕과 행복이라는 가치의 문제로 전환되고 있습니다.

전통적 종교관의 변화와 함께 최근 10여 년간 '종교를 믿는' 신자(信者)의 숫자도 급감하고 있습니다. 이른바 '탈종교 현상'입니다. 이를 두고 일부 학자들은 '종교 없는 삶', '신(神) 없는 사회'를 섣부르게 예견하기도 합니다. 그렇지만 탈(脫)종교, '종교를 떠난다'는 것이 곧 유물론적 세계관으로의 전환이거나 물질적 욕망만을 추구하는 삶으로 향한다는 것은 아닐 것입니다. 소수의 유물론자를 제외하고 대부분의 사람들은 여전히 물질적 세계 너머의 가치를 지향하고, 삶의 의미와 목적, 궁극의 진리에 관심을 가지고 있습니다. 어떤 사람들은 자신의 종교 '안'에서 또 다른 사람들은 종교 '밖'에서 나름의 방식으로 진정한 삶의 의미와 실천적 지혜를 찾고자 합니다. 소위 종교를 믿지는 않지만 영적인 삶을 추구하는 SBNR(Spiritual But Not Religious)의 등장은 오늘날 달라진 종교지형의 한 모습입니다. 오랫동안 견고하게만 여겨지던 종교 간의 칸막이, 종교의 '안'과 '밖'의 구분이 퇴색하고 그 의미가 달라지고 있습니다. 지금 우리가 맞고 있는 문명사적 전환은 종교에 대해 이전과는 다른, 새로운 이해를 요청하고 있습니다.

이러한 시대적 배경과 문제의식으로 종교문해력 총서를 발간했습니다. 2022년 5월을 기점으로 다섯 번의 기획회의를 거쳐 다음과 같이 집필의 방향을 정했습니다.

- 각 종교 창시자의 삶을 중심으로 그분들이 고민했던 인생의 근본 문제를 중심으로 한다.
- '또 하나의 개론서'가 되어서는 안 되며, 오늘날 시대가 직면하고 있는 문제들, 특히 탈종교 현상 그리고 기후변화와 팬데믹 등 문명전환에 대한 시대적 문제의식을 바탕으로 각 종교 전통 고유의 해법과 방향을 제시한다.
- 전통적 의미의 신자/신도만이 아니라 이웃 종교인 그리고 종교에 관한 인문적·영성적 관심이 있는 일반 독자(SBNR, Spiritual But Not

Religious)를 주요 독자로 염두하고 내용을 집필한다.

이상의 집필 방향은 자신이 믿는 종교에 관한 '이해'는 물론 이웃종교와 종교 일반에 관한 이해를 제고하는데 초점이 맞추어져 있습니다. 곧 종교를 '믿음'의 문제로서만이 아니라 '이해'의 문제로 인식하는 종교문해력의 관점에서 본 총서를 기획, 집필했습니다.

오늘날 사회 여러 부문에서 통용되고 있는 문해력(文解力, literacy)이란 글을 아는 능력을 넘어 그 의미를 이해하고 활용하는 능력을 뜻합니다. 그런 점에서 종교문해력이란 종교를 단지 '믿음'의 문제로서만이 아니라 이성적 '이해'의 문제로 인식하는 능력을 뜻합니다. 지난 2023년 3월 넷플릭스에서 방영된 8부작 다큐멘터리 〈나는 신이다〉와 같은 경우는 사이비 교주의 사악한 행태에서 비롯된 극단적 예이긴 하지만, 이성적 이해가 부족한 맹목적 믿음의 결과를 잘 보여주고 있습니다. 종교문해력이 강조하는 비판적 성찰과 모색의 힘은 올바른 종교의 선택과 바른 신행의 지향점을 제공해 줄 수 있습니다.

또한 종교문해력은 이웃종교 나아가 비종교인 그리고 우리 사회의 다른 부문과의 소통역량을 더욱 키울 수 있게 해

줍니다. 자신의 종교를 '객관적'으로 설명하고, 다른 종교와 세계관을 이해하는 기반이 되기 때문입니다. 종교문해력이 요청하는 '이해'와 활용의 능력은 다원적 사회를 살아가는 오늘날 불필요한 종교 간 긴장과 갈등을 해소하고 종교 간 대화를 촉진하는 것은 물론 사회적 공동선을 위해 함께 협력하고 연대하는 원동력이 될 수 있습니다.

종교문해력은 단지 종교인들에게만 요청되는 것은 아닙니다. 다양성과 다원성을 기반으로 하는 현대 사회에서 요청되는 필수적 과제이기도 합니다. 최근 사회문제가 되는 무슬림 차별과 혐오 현상은 이슬람에 대한 우리 사회의 무지를 단적으로 보여주고 있습니다. 문화 다양성에 관한 이해는 겉으로 드러나는 피부색이나 언어 그리고 음식이나 의상에 한정되는 것은 아닙니다. 세계관과 가치관의 바탕이 되는 종교에 관한 이해가 다른 문화를 이해하는 핵심이라고 할 수 있습니다. 밖으로 해외와의 교류가 더욱 확장되고, 안으로 해외 이주민의 유입이 지속적으로 증가할 것으로 예상되는 지금, 종교문해력은 우리 사회의 세계시민 의식과 공동체의 평화를 만들어 가는데 필수적인 시민역량이라고 할 수 있습니다.

종교학을 비롯해 불교, 기독교, 이슬람 그리고 원불교에 관한 다섯 권 각각의 책은 탈종교, 다종교 그리고 초종교라고 하는 시대적 요청에 따른 새로운 입문서의 역할을 자임하고 있습니다. 본 총서를 통해 우리 사회에서 종교 일반을 비롯한 불교, 기독교, 원불교 그리고 이슬람에 관한 이해가 한층 더 깊어지길 간절하게 바랍니다.

다섯 차례의 기획회의, 그 외 수시로 가졌던 회의를 통해 지혜를 나누어주신 다섯 분의 필자들께도 심심한 감사의 말씀을 드립니다. 발간사의 내용이 잘못된 것이 있다면 그것은 오로지 제 이해의 부족일 따름입니다.

한 종교가 아니라 여러 종교 전통의 책을 총서로 묶어 출판하는 일은 선례가 없던 일입니다. 어려운 출판시장에도 불구하고 이를 선뜻 맡아주신 불광출판사 류지호 대표님께 감사드립니다. 그리고 다섯 종의 원고를 꼼꼼히 읽고, 필자들과 교신하면서 좋은 책 출간을 위해 많은 수고를 하신 불광출판사 편집부에도 감사의 말씀을 전합니다.

끝으로 총서 발간을 위한 재정적 지원을 해주신 재단법인 플라톤 아카데미에 감사드립니다. 특히 우리 사회 모두의 '행복'과 '영적 성장'이라는 큰 뜻을 세우고, 인문학을 비롯한 관련 분야의 연구과 사회적 확산을 위해 재정적 지원은 물론 여러 사람들의 동참을 이끌어 오신 최창원 이사장님께 깊이 감사드립니다.

조성택(마인드랩 이사장)

종교와
엑스터시

'굿'과 두 세계

이상스러울 정도로 기억에 또렷이 남는 사건들이 누구에게나 있습니다. 저에게는 다섯 살 무렵 외가에서 겪었던 굿입니다. 이곳저곳 아프셨던 외조부는 어느 날 '치병굿'을 받았습니다. 하도 어린 나이라 어떻게 굿을 하게 되었고, 결과가 어땠는지는 기억이 나지 않습니다. 그렇지만 그때 보았던 장면은 아직도 생생합니다.

현란한 색의 옷을 입은 무녀가 양손에 식칼 두 자루를 든 채 귀를 찢는 듯한 음악 소리에 맞춰 춤을 춥니다. 동네 사람들이 빼곡하게 마당 주위에 둘러서 있고, 외조부는 마당 가운데 앉아 있습니다. 신들린 듯 뛰던 무녀는 칼을 할아버지의 머리와 어깨 위로 휘두르고, 알아듣지 못할 소리를 지르면서 병귀(病鬼)를 위협합니다. 평소에 무서워 보일 정도로 근엄했던 외조부는 이 상황을 그저 묵묵히 받아들일 따름입니다.

그날의 굿은 충격적이었습니다. 무녀가 날이 선 식칼을 외조부에게 휘두르는 것도 놀라웠지만, 외조모와 주변의 어른 누구도 말리지 않았던 사실이 더 무서웠습니다. 외조부는 물론 모두가 지켜보고만 있었지요. 수십 년이 지났지만 현란한 옷, 쨍쨍거리던 음악, 휘둘러지던 식칼은 어제 일처럼 또렷합니다.

한참 세월이 지나 종교학을 공부하면서, 그 이유를 이해하게 되었습니다. 굿의 세부 장면도 그러했지만, 굿의 '비(非)일상성'이 충격과 두려움의 원인이었습니다. 굿이라는 사건 때문에 당연했던 일상이 흔들렸기 때문입니다. 외조부로 상징되던 일상적인 질서와 권위가 무녀에 의해 잠깐이지만 완전히 사라졌다고 할까요. 굿판이 된 외가 마당은 이 세상이지만, 동시에 전혀 낯선 공간이 되었습니다. 두려움의 이면에는 기묘한 낯섦이 있었던 것이지요.

이 사건은 '엑스터시(ecstasy)'라는 단어와 맞닿아 있습니다. '내 밖에 선다'라는 의미의 고대 그리스어(ékstasis)에서 유래한 이 단어는 무교는 물론 종교를 이해하는 데에 결정적입니다. 무당은 흔히 비일상적인 의식 상태인 엑스터시로 들어가는 능력을 지녔다고 여겨집니다. 또 주변 사람들을 집단적 엑스터시 상태로 이끌기도 하고요. 우리가 내 밖에 설 때 친숙했던 시공간은 기이하게 변화합니다. 수십 년 전 외가의 마당이 그랬던 것처럼요.

종교와 종교학, 그리고 '엑스터시'

종교는 아주 다양하게 정의됩니다. 그러나 신(神), 천국, 지옥, 영혼과 같은 종교적 용어들은 우리가 사는 이 세계를 유일한 실재로 여기지 않는다는 점에서 공통적입니다. 다시 말해 종교는 유물론적 세계관을 받아들이지 않습니다. 물질적 세계

외에도 보이지 않는 차원이 있다고 주장하는 것이지요. 심지어 그 차원이 이 세계보다 더 중요하다고 역설합니다.

엑스터시는 이 사실을 확인시켜 주는 계기로 간주됩니다. 즉, 엑스터시는 익숙한 일상의 세계에 틈을 만들고, 여태껏 몰랐던 차원을 드러냅니다. 우리는 일상의 '나'를 벗어나, 또 다른 나의 모습을 발견합니다. 이렇게 엑스터시는 나를 포함해 존재 전체에 대한 인식을 바꿉니다. 새로운 측면을 인식해 우리의 세계관을 확장하는 것이지요. '눈에서 비늘이 떨어진다'라는 『사도행전』의 표현(9장 10절)이나, '우리의 참된 본성을 본다'라는 불교의 견성(見性) 체험이 대표적입니다.

종교는 엑스터시를 통해 알지 못했던 존재의 숨겨진 차원을 우리가 직접 '보도록' 만듭니다. 보는 일은 나와 세상에 대한 인식을 넓히지요. 더 큰 나의 정체성을 확인하는 사건은 자유와 해방감을 맛보게 합니다. 또 '황홀경(恍惚境)'이라고 옮겨지듯이, 엑스터시는 내면에 자리한 지극한 기쁨 역시 알려줍니다.

제 전공인 '비교종교학(comparative study of religion)'은 여러 대목에서 엑스터시와 만납니다. 무엇보다 엑스터시를 핵심으로 삼는 종교 현상 자체를 연구합니다. 그리고 종교를 비교하는 작업은 익숙한 나의 세계관은 물론 연구 대상인 종교의 진리 주장에서 잠시 벗어나도록 요청합니다. 우리로 하여금 제3

의 관점을 취하게 만드는 것이지요.

내 종교만이 유일한 진리라거나, 반대로 종교 자체가 무의미하다는 기존 입장을 확신하는 태도는 우리를 새로운 지점에 서게 하지 않습니다. '나'와 '나 아닌 것', '옳음'과 '그름'과 같은 이분법에서 벗어나, 내가 모르는 '그 무엇'이 드러나도록 허락할 때 엑스터시는 가능해집니다. 그러니 종교학은 '엑스터시적(ecstatic)' 태도로 '엑스터시'를 연구한다고도 볼 수 있지요. 이처럼 진지한 비교의 노력은 과정과 결과라는 측면에서 우리를 변화시킵니다.

다종교 사회와 종교학

우리나라는 유례없는 다종교 사회입니다. 불교, 유교와 같은 동양 종교를 필두로 천주교, 개신교와 같은 서양 종교도 두루 신행됩니다. 최근에는 무슬림도 늘고 있습니다. 세계적인 종교들과 함께 샤머니즘이라 불리는 무교 역시 오랫동안 존재했습니다. 그런데 놀라운 다종교 상황임에도 불구하고, 전체 인구의 60%는 자신을 '무종교인'이라 선언합니다. 여러 전통의 종교인과 무종교인이 어우러진 사회에서 다음과 같은 물음은 절실하게 다가오기 마련입니다.

종교는 왜 이토록 다양할까요? 종교들은 각자의 주장처럼 절대적으로 옳은 가르침일까요? 그렇다면 종교의 배타성은 불가피할까요? 혹시 모든 종교를 관통하는 진리가 있는 것은 아닐까요? 교리, 의례, 조직 차원의 차이에도 불구하고, 종교들의 공통점은 있는 걸까요? 물음은 여기서 멈추지 않습니다. 이상적인 가르침을 전하는 종교가 왜 폭력과 갈등의 원인이 될까요? 인간이 달나라까지 갔다 온 현대에도 사람들은 왜 종교를 믿을까요? 미래에도 종교는 여전히 우리 곁에 존재할까요? 요컨대 종교란 무엇이고, 우리는 종교 없이 살 수 없는 존재일까요?

종교학은 이런 질문에 답을 찾으려 합니다. 이 과정에서 '특정 종교만이 진리'라거나, '종교란 무의미한 현상'이라는 답변은 일단 접어두려고 합니다. 비교 연구를 통해 종교의 의미는 물론 그것을 믿는 인간을 더 잘 이해하려는 것이지요. 게다가 다종교 사회인 한국은 종교의 공통점과 차이점, 나아가 인간의 종교성을 탐구할 수 있는 최적지입니다. 요컨대 종교학은 다종교 사회인 우리나라에서 참으로 중요한 역할을 할 수 있습니다.

돌이켜 보면 유년 시절의 굿이 종교학을 전공하는 데에 영향을 주었는지도 모르겠습니다. 이유는 분명하지 않지만, 저에게 아주 깊은 인상을 남겼기 때문입니다. 익숙한 일상 너머에 기묘하고 놀라운 '그 무엇'이 있을 것 같다는 느낌을 또렷하게 각인시켰으니 말이지요.

일상적인 세계 이면에 우리가 아직 모르는 그 무엇이 있다는 주장은 종교의 핵심입니다. 종교는 그 생경하고 낯선 무엇을 알아차리라고 끈질기게 채근합니다. 엑스터시라는 사건을 통해서 말이지요. 종교가 주장하듯이 내가 '내 밖에(eks) 서는(stasi)' 경험이 실제로 가능할까요? 내 밖에 서게 되면, 어떤 일이 벌어질까요? 만약 내가 나를 벗어난다면, 그때에도 '나'라고 불릴 수 있을까요?

이 책은 유년 시절의 굿이 슬며시 보여 준 일상 너머의 기묘한 세계를 나름대로 탐구한 결과입니다. 오랜 궁금증을 공유할 기회를 주신 '마인드랩(Mind Lab)'의 조성택 선생님께 감사드립니다. 또 종교의 현대적 의미를 재조명하는 기획에 흔쾌히 함께해 준 불광미디어에도 고마움을 전합니다.

'문명 전환의 시대, 다시 길을 묻다'라는 프로젝트는 인문학적 성찰을 통해 개인과 공동체의 품격을 높이려는 '플라톤 아카데미'의 지원으로 마련되었습니다. 재단이 꿈꾸는 것처럼 문명의 패러다임이 변화하는 대전환의 시기에 '종교의 지혜'가 개인과 공동체에 더 큰 행복을 주기를 간절하게 소망합니다.

목차

왜 '지금' 종교인가?

왜 지금 종교를?

현대 사회는 놀라운 속도로 변화 중입니다. 한국은 어느 나라보다 더 빨리 변하고 있지요. 쌍둥이 사이에도 세대 차이가 있다는 농담이 우습게 들리지 않을 정도입니다. 과학 기술의 발달, 경제적인 풍요, 자유와 권리의 신장, 길어진 평균 수명 등 모든 분야의 발전은 인류사에서 유례가 없습니다. 이런 변화는 우리 삶을 빛나게 만들고 있지만, 지나치게 빠른 속도는 당혹스럽습니다.

이 과정에서 많은 것들이 사라져갑니다. 예컨대 첨단 기술에 힘입어 등장한 발명품은 우리 곁을 지켰던 익숙한 물건들을 대체 중입니다. 가족보다 더 친밀해진 스마트 폰이 대표적입니다. 한 손에 잡히는 그야말로 '똑똑한(smart)' 기기는 많은 것을 역사의 뒤안길로 보내고 있습니다. 시계, 수첩, 카메라, 녹음기, 계산기, 라디오 등등을 말이지요. 불과 수십 년 전에는 누구도 이런 상황을 예견하기 어려웠습니다.

물건만 자취를 감추는 것은 아닙니다. 인류 역사만큼이나 오래된 '가족'이라는 제도도 엄청난 변화를 겪고 있습니다. 1인 가구는 2021년 우리나라의 전체 가구에서 무려 33.4%를 차지했습니다. 과거에는 가족이라고 불리지도 않았지만, 이제는 가장 흔한 형태가 된 것입니다. 게다가 앞으로도 더 늘어나리라 예상됩니다. 결혼하지 않는 미혼남녀가 빠르게 증가

해서입니다.

종교도 예외는 아닙니다. 사실 종교는 인류사와 거의 비슷한 역사를 가진 것으로 추정되는 아주 오래된 현상입니다. 구석기 시대의 매장 문화가 사후 세계를 암시하고 있으니까요. 그런 종교 역시 전례가 없는 변화를 겪고 있습니다. 심지어 종교가 사라질 것이라는 예견마저 등장했습니다. 종교를 둘러싼 최근의 변화가 종교의 미래를 비관적으로 바라보게 만든 것이지요. 종교는 앞으로 여전히 우리 곁에 존재할까요? 이 책이 다루려는 핵심적인 질문입니다.

저는 종교가 중요한 역할을 담당해 왔고, 앞으로도 그 의미를 잃지 않으리라 예상합니다. 물론 지금과는 매우 다른 방식으로 말이지요. 이런 주장은 종교가 행복을 주기보다는 오히려 문제의 원인으로 지목되는 최근 상황을 간과하는 것처럼 보입니다. 종교가 사회의 걱정과 고통을 어루만지기는커녕 사회가 오히려 종교와 종교인들을 염려하고 있으니까요.

종교학자로서 안타까움을 크게 느낍니다. 종교가 우리를 행복하게 만드는 고유한 역할을 여전히 할 수 있다고 믿기 때문이지요. 옛말에 따르자면 더러워진 목욕물은 버리되 아이는 버리지 않기를 희망한다고나 할까요. 그래서 종교의 의미와 가치를 비교종교학의 관점에서 한 번 되짚어 보려고 합니다. 특히 종교학 중에서도 저의 세부 전공인 '종교심리학'과

'신비주의의 비교 연구'를 활용해서 말입니다. 그러니 종교학 이란 어떤 학문이고, 이 물음을 어떻게 풀어나갈 수 있을지를 조금 더 설명할 필요가 있겠지요.

어떻게 접근할까?

종교학의 정확한 명칭은 '비교종교학'입니다. 영어로는 '종교의 비교 연구'라는 의미의 'The Comparative Study of Religion'이나 '종교 연구'라는 뜻의 'Religious Studies'로 표기되기도 합니다. 종교학은 우리에게 생소합니다. 그 이유는 한국과 같은 동양 사회에서는 종교가 신행(信行)의 대상이지, 학문적 연구의 대상이 아니라는 태도가 강해서입니다. 종교를 지적으로 이해하려는 시도가 낯설었던 것이지요. 실제로 종교학은 근대 이후가 되어서야 일본을 거쳐 서구적 교육 시스템과 함께 우리나라에 전해집니다.

종교학은 인문학의 한 분야입니다. '문사철(文·史·哲)'이라는 전통적인 분류에 따르자면 철학의 범주에 속합니다. 그런데 뜻밖에도 종교학은 철학, 문학과 같은 여타 분야에 비해 역사가 짧습니다. 종교는 아주 오래된 현상이지만, 종교의 비교 연구는 근대 이후에 등장합니다. 동서양이 전면적으로 만난 이후에야 종교를 비교하려는 시도가 본격화된 것이지요. 힌두교 경전을 서양에 소개한 것으로 유명한 막스 뮐러(Max

Müller, 1823~1900)는 종교학의 태두로 여겨집니다. '하나의 종교만 아는 자는 아무 종교도 모른다'라는 그의 주장은 비교 연구라는 종교학의 핵심을 간결하게 보여 줍니다.

종교학이 우리에게 낯선 탓인지 종교학과를 가진 대학도 드뭅니다. 국립대학 중에서는 서울대가 유일합니다. 전공이 종교학이라고 얘기하면 가장 먼저, 그리고 자주 받는 질문이 '믿는 종교가 무엇이냐?'입니다. 종교가 있으니 종교학을 전공했으리라는 생각 때문입니다. 혹은 '종교학자는 어떤 종교를 믿고 있을까'라는 호기심의 발로이겠지요. 여하튼 종교학이 어떤 식으로든 종교적 믿음과 밀접하게 연결되어 있으리라는 생각을 드러냅니다.

그런데 우리만 그런 것은 아닙니다. 유학 시절 함께 공부했던 미국 친구는 친척들이 모이는 추수감사절 때면 꼭 자기에게 기도를 시킨다고 토로한 적이 있습니다. 종교학을 전공했다는 이유로 말입니다. 종교학이 기도 잘하는 법을 가르쳐 주는 게 아니라고 말해도 효과가 없어서 어쩔 수 없이 받아들이게 되었다면서요. 미국의 경우 상위 30개 대학 모두가 종교 관련 강의를 개설하고, 그중 24개 대학은 종교학과를 가지고 있는데도요. 동서양을 막론하고 종교학은 신학과 같거나 혹은 아주 비슷한 분야로 받아들여지고 있는 것입니다.

이런 통념에 근거가 없지는 않습니다만, 사실과는 거리

가 있으니 종교학의 특성을 더 살펴보겠습니다. 종교학은 특정 종교가 우월하거나 진리를 더 많이 소유하고 있다고 전제하지 않습니다. 이 점에서 종교학은 신학과는 다르지요. 믿음에 기초해 특정 종교를 연구함으로써 신앙심을 돈독하게 만들려는 시도가 아니라는 뜻입니다.

종교학은 종교 현상을 비판적인 시각에서 비교 연구함으로써 인간이라는 존재와 문화를 더 잘 이해하려고 노력합니다. 인간은 왜 종교를 믿는지, 종교란 무엇이며 어떤 요소로 구성되어 있는지, 종교들은 서로 같고 다른지 등이 종교학이 다루는 주된 물음입니다.

그렇다고 종교학이 절대적인 가치 중립을 표방한다고 보아서도 곤란합니다. 종교에 대해 가치 판단을 전혀 하지 않는, 즉 철저한 중립을 지키고 있다고 여기기는 어렵거든요. 이런 태도는 현실에서 불가능합니다. 모든 학문 분야에 동일한 시간을 할애해 살펴본 후 자신의 전공을 결정하는 사람은 없습니다. 종교학자 역시 개인적으로 종교가 의미 있어 보이고, 다른 분야보다 더 끌리니까 종교 연구자가 된 것입니다. 비슷한 맥락에서 종교 현상을 완벽하게 연구한 후에야 종교를 온전하게 이해할 수 있다고 믿는 종교학자도 없습니다.

다시 말해 동기가 무엇이든 종교학자는 종교의 가치나 의미를 어느 정도 받아들인 상태에서 종교 연구를 시작했다는 의미입니다. 이 사실은 필히 인정되어야 합니다. 절대적인 가치 중립의 태도로 종교를 연구하고 있다는 단언은 곤란하니까요. 이런 정황에도 불구하고 종교학자는 자신과 주변인들의 신앙심을 깊게 만들려 하지 않습니다. 물론 종교 현상의 연구가 연구자의 종교적 성향이나 믿음에 직간접적인 영향을 미치는 것을 완전히 막을 수는 없겠지만요.

세부 연구 분야를 살펴보면 종교학의 전모가 더 분명해지리라 생각합니다. 종교학은 크게 '전통'과 '이론'으로 구분됩니다. 전통 분야는 기독교, 불교, 이슬람과 같은 개별 종교를 연구합니다. 기독교학, 불교학, 이슬람학 등이 있겠지요. 이론 분야는 사회학, 철학, 인류학, 심리학과 같은 인접 학문 분야의 연구 방법과 지식을 활용해 종교 현상을 다룹니다. 종교사회학, 종교철학, 종교인류학, 종교심리학 등이 여기에 속합니다.

저의 세부 전공은 '종교심리학(psychology of religion)'과 '신비주의의 비교 연구(the comparative study of mysticism)'입니다. 종교심리학은 심리학의 방법론과 지식을 활용해 종교와 인간의 종교성을 탐구합니다. '종교성의 발달, 종교 체험, 무의식과 종교'와 같은 주제가 보여주듯, 종교와 인간 마음의 상호 관계에 주목합니다. 한편 신비주의의 비교 연구는 '신비적 합일 체험(mystical union)'을 종교의 핵심이라고 주장하는 '신비주의'를 연구합니다. 종교 전통 내부의 신비주의적 흐름을 비교의 관점에서 살피는 것이지요.

이 두 분야는 접점이 많습니다. 종교심리학의 선구자로 일컬어지는 윌리엄 제임스(William James, 1842~1910), 지그문트 프로이트(Sigmund Freud, 1856~1939), 칼 융(Carl G. Jung, 1875~1961)은 모두 신비주의에 큰 관심을 가졌습니다. 관심의 정도와 초점은 조금씩 달랐지만요. 특히 신비주의는 인간의 의식과 밀접하게 연결됩니다. 인간의 마음을 변화시키는 기도나 명상과 같은 방법으로 비범한 종교 체험을 의도적으로 추구했으니까요. 이처럼 두 분야는 '인간의 마음, 종교 체험, 심리적 발달'과 같은 관심사를 공유한다는 점에서 통하는 부분이 적지 않습니다.

개인적으로는 '종교 체험'에 큰 관심이 있습니다. 개인의 종교 체험이 종교와 인간의 종교성 이해에 결정적인 계기를 제공한다고 생각해서입니다. 이 책에서는 신비주의의 비교 연구와 종교심리학의 핵심 개념 중 하나인 '엑스터시'라는 종교적 경험을 중심으로 이야기를 풀어가려고 합니다.

무엇을 다루나?

책의 내용은 크게 여섯 부분으로 구성됩니다. 첫 장은 〈종교를 걱정하는 사회〉입니다. 현대 들어 종교가 사회를 보살피는 것이 아니라, 사회가 종교를 염려하게 되었습니다. 본격적인 논의에 앞서 제가 활용하는 종교 정의를 제안합니다. 종교를 다루기 위해서는 종교의 의미에 대해 최소한의 동의가 필요하니까요. 또 '세계관'이라는 용어가 여러 유형의 종교적 현상을 이해하는 데에 도움이 된다는 점에서 종교를 이 개념에 기반해 고찰합니다. 그런 후 사회가 종교를 걱정하고 염려하는 이유를 제시합니다.

다음은 〈현대 사회와 종교〉입니다. 현대 사회가 어떤 변화를 겪고 있으며, 그 의미가 무엇인지를 정리합니다. 종교가 처한 사회적 맥락을 살피는 일은 종교의 의미와 그 미래의 모습을 가늠하는 데에 중요합니다. 종교 역시 사회 변화의 직접적인 영향을 받기 때문입니다. 현대 사회가 종교 영역에 초래한 변화는 '세속화와 탈종교 현상'으로 요약됩니다. 이 과정에서 무종교인도 빠르게 증가하고, 종교 비판 역시 강력하게 제기되고 있지요. 특히 종교가 비판받는 이유와 그 내용은 종교의 미래를 예측하는 데에 반드시 고려되어야 합니다.

세 번째 장은 〈종교의 위안과 엑스터시〉입니다. 종교는 오랫동안 누려왔던 권위와 영향력을 현대 들어 현저하게 상실하고 있습니다. 그런데도 여전히 많은 이들이 종교를 믿거나, 종교적 세계관을 유지하고 있습니다. 그 이유를 종교가 주는 위안에서 찾아봅니다. 한편 종교의 강력한 위안은 마치 양날의 칼처럼 작용합니다. 특히 종교의 위안 중에서도 이 책의 핵심 개념인 엑스터시를 본격적으로 다룹니다.

네 번째 장은 〈내 안의 '초월'을 찾아서〉입니다. 근대 이후 종교를 이해하는 중요한 개념으로 떠오른 '종교 체험'의 의미를 간략하게 정리합니다. 그런 후 '신비적 합일 체험'을 핵심으로 삼는 종교적 흐름과 함께 최근 등장한 '세속적 신비주의'라는 흥미로운 현상을 살펴봅니다. 후자는 무종교인들이 신비 체험을 가졌다고 보고하는 전례가 없던 사건입니다. 세속적 신비주의는 종교와 인간 종교성을 새롭게 바라보도록 요청할 뿐만 아니라, 종교의 미래를 예측하는 데에도 결정적인 중요성을 갖습니다.

다음은 〈무종교(無宗教)의 종교〉라는 제목으로 현대에 이르러 인간의 종교성이 과거와 전혀 다른 방식으로 표출되는 현상을 살핍니다. '무종교의 종교', '종교를 넘어선 종교'와 같은 역설적 표현은 제도 종교 경계 밖에서 구현되는 이런 흐름을 간결하게 압축합니다. 불교 사찰에서 심신의 힐링을 찾는 '템플스테이', 대학의 교양 과목으로 개설된 '명상과 수행' 수업, 종교 성지에서 삶의 의미를 모색하는 '순례' 등이 대표적인 사례입니다.

본론의 마지막 장인 〈종교 어떻게 믿을까?〉에서는 '목욕물은 버리되, 아이는 버리지 않는 지혜'를 제안합니다. 그 주된 내용은 셋입니다. 무엇보다 인간의 종교 활동은 개인의 자연스러운 심리적 발달에 조응해 표층에서 심층으로 진행되어야 합니다. 그리고 그 발달 여부는 '조화와 균형'이라는 기준으로 판단될 수 있습니다. 이렇게 조화로운 발달이 이루어질 때, 삶의 대립적 원칙들을 더 높은 차원에서 '통합'하는 종교가 가능해진다는 주장입니다.

끝으로 책의 결론은 종교가 우리 곁에 여전히 존재하기 위해서는 '기쁨과 행복'의 원천이 되어야 한다는 것입니다. 현대는 모든 것의 정체성이 근본적인 차원에서 해체되고 되물어지는 대전환의 시대입니다. 결혼, 가족, 직업과 같이 참으로 당연했던 것들의 본질을 우리가 묻게 된 것이지요. 종교도 예외는 아닙니다. 사회가 종교와 종교인을 염려하지 않기 위해서는, 진지한 성찰을 통해 '기쁨과 행복'의 원천이라는 종교 본연의 가치가 회복되어야 합니다.

이 책은 종교의 의미와 가치를 종교심리학과 신비주의 비교 연구의 핵심 개념인 '엑스터시'를 통로로 삼아 살피려 합니다. 모든 것이 변화하는 문명 전환의 시기를 사는 우리에게 이런 접근이 종교와 인간의 깊은 이해는 물론 우리를 더 행복한 존재로 바꾸는 지혜를 제공할 수 있다고 믿으면서 말이지요.

종교란 인간이 직면하는
삶의 궁극적 물음에 관한
해답을 눈에 보이지 않는
차원과의 관계에서
찾으려는 시도이다.

1장

종교를 걱정하는 사회

왜 요즘 들어 종교가 문제의 해답이 아니라 그 원인이 되고 있을까요? 종교는 우리에게 큰 위안과 도움을 주었습니다. 삶과 죽음의 궁극적인 의미를 제시하고, 우리가 직면하는 여러 실존적 고통에 해답을 제공했지요. 그러나 종교는 양날의 칼처럼 작용할 수 있습니다. 특히 모든 것이 과거와 달라진 현대 사회에서 종교는 갈등의 원인이 되기 십상입니다.

종교에 관련된 다양한 문제를 본격적으로 논의하기 전에 종교의 정의를 다룰 필요가 있습니다. 종교를 서로 다르게 바라보아서는 적절한 진단과 해법의 제시가 어려우니까요. 특히 종교를 '세계관'의 관점에서 접근해 보고자 합니다. 세계관 개념을 활용할 경우, 종교의 위안은 물론 종교가 왜, 그리고 어떤 방식으로 우리의 인식과 행동의 차원에서 문제가 되고 있는지를 효과적으로 파악할 수 있습니다.

종교란 무엇인가?

종교가 없는 문화나 문명은 없습니다. 인류 역사에 다양한 종교가 존재했다는 사실은 상식입니다. 기독교, 불교, 이슬람교와 같이 세계적으로 널리 퍼진 종교 외에도 숱하게 많은 종교가 신행되고 있습니다. 그런데 무엇을 종교라고 이름 붙일 수 있을까요? 이렇게 다채로운 종교들을 하나로 묶어주는 공통적인 특성이 있을까요?

여러 종교를 포괄하면서도 누구나 받아들일 수 있는 종교 정의를 찾는 일이란 불가능에 가깝습니다. 우리가 종교의 필수적인 요건이라 여기기 쉬운 '신(God)' 개념만 하더라도 불교에서는 찾기 어려우니까요. 그렇지만 불교는 엄연히 세계적인 종교 중 하나로 여겨집니다.

저는 주로 두 사람의 종교 정의를 많이 활용합니다. 첫 번째 인물은 윌리엄 제임스(William James, 1842~1920)라는 미국의 심리학자이자 철학자이고요. 두 번째는 폴 틸리히(Paul Tillich, 1886~1965)라는 독일 출신의 신학자입니다. 제임스는 하버드 대학에서 심리학과 철학을 가르쳤고, 틸리히 역시 히틀러가 정권을 잡을 즈음 이에 반발해 미국으로 망명한 후 대학에서 오랫동안 교편을 잡았습니다.

제임스의 종교 정의를 먼저 살펴볼까요. 제임스는 종교 체험을 다룬 자신의 유명한 저서를 1907년 출간합니다. 이 책은 『종교적 경험의 다양성』(한길사)과 『종교 체험의 여러 모습들』(대한기독교서회)이라는 제목으로 번역되어 있습니다. 그는 '기포드 강좌(Gifford Lectures)'라는 세계적 석학을 초청하는 프로그램에 초대받아, 스코틀랜드의 에든버러(Edinburgh) 대학에서 1901년부터 그 이듬해까지 '종교 체험'을 주제로 총 20강의 강연을 합니다.

20세기 초만 하더라도 미국인들은 유럽에 지적 열등감을 가졌습니다. 그래서 제임스가 세계적으로 유명한 강연에 초대된 일은 그들에게 큰 자랑거리였습니다. 이 강좌에 초대된 최초의 미국인이었으니까요. 이렇게 귀한 자리에 초청되었으니 당시 노년이었던 제임스 역시 본인이 생각하기에 가장 중요하고, 또 잘할 수 있는 주제를 골랐습니다. 그 결과가

윌리엄 제임스(William James) ⓒWikimedia

종교 체험의 다양한 유형과 그 중요성을 다루는 강연이었습니다.

제임스가 이 책에서 제시한 종교 정의는 개인이 '눈에 보이지 않는 실재(Unseen Reality)'와 맺는 관계로 요약될 수 있습니다. 눈에 보이지 않는 실재란 우리가 살고 있는 물질적 차원에 대비됩니다. 존재 전체는 '보이는' 차원과 '보이지 않는' 차원으로 구성되며, 인간이 양자를 연결한다는 것이 제임스의 입장입니다. 인간이 두 세계를 개인적인 체험으로 확인하고, 이를 표현한 것이 종교라는 뜻입니다. 그러니 그의 종교 정의는 눈에 보이는 세계만이 존재한다는 유물론적 세계관의 반대편에 서 있습니다.

제임스의 종교 정의에 따르면 공산주의와 같은 이데올로기는 종교가 아닙니다. 신봉자들이 이념을 위해 목숨을 바치기도 하지만, 보이지 않는 차원을 수용하지 않기 때문입니다. 예컨대 북한은 주체사상을 인간 존재 이해와 사회 운영의 핵심적인 원리로 강조합니다. 그렇지만 죽음 이후의 내세(來世)는 인정하지 않지요. 이처럼 제임스는 보이지 않는 차원인 사후 세계나, 신이나 영혼과 같은 초자연적 실체가 종교의 불가결한 요소라고 보았습니다.

그의 종교 정의를 또 다른 사례를 통해 확인해 볼까요. 샤머니즘이라 불리는 무교(巫敎)는 종교일까요? 제임스에 따르면 종교입니다. 통상 무당은 죽은 사람의 영혼을 소환해 살아있는 사람들과 소통하는 걸 도와주는 존재로 받아들여집니다. 망자(亡者)의 영혼과 대화하는 일이 실제로 가능한지와는 별개로, 보이지 않는 차원에 속하는 존재와 소통하는 일이 무교의 핵심을 차지하므로 제임스가 보는 종교에 해당됩니다.

유교는 어떨까요? 언뜻 애매하게 느껴지지만, 그의 정의에 의하면 유교 역시 종교입니다. 그런데 유교가 종교인가 여부를 둘러싼 논란이 있습니다. 그 주된 이유는 유교가 사후 세계, 다시 말해 보이지 않는 차원의 얘기를 극도로 아끼는 데에서 비롯됐습니다. 공자(孔子)가 '괴력난신(怪力亂神)'을 언급하려 들지 않았다는 『논어(論語)』의 서술이 대표적입니다. 그래서일까요. 불교나 기독교와는 달리 유교는 저쪽 세상의 모습을 거의 이야기하지 않았습니다.

그러나 유교에서 가장 중요한 의례는 돌아가신 조상에게 바치는 제사(祭事)입니다. 죽음 이후의 존재, 즉 고인의 혼백(魂魄)을 인정하지 않는다면 제사라는 의례는 불가능할 겁니다. 다만 저승의 모습을 상세하게 묘사하는 기록이 거의 없으므로, 유교는 종교가 아닌 윤리 규범 체계로 간주되기 쉬웠지요. 하지만 제사가 핵심적인 의례라는 사실을 고려한다면, 유교 역시 제임스의 종교 정의에 부합한다고 보아야 합니다.

덧붙이자면 제임스는 책에서 '잠재의식(subliminal

consciousness)'이라는 개념도 자주 언급합니다. 잠재의식은 말 그대로 일상적인 의식 아래에 자리하고 있어, 평소에는 알아차리기 어려운 마음의 층위를 뜻합니다. 프로이트와 융이 제안한 '무의식(unconscious)' 개념과도 상통합니다. 그들은 일상적인 의식이 인간 마음의 표면적 층위라고 주장했습니다. 즉, 인간의 마음에는 개인의 에고 차원을 넘어선 심층적 층위나 차원이 존재한다는 것이지요. 그들의 심리학을 '심층심리학(depth psychology)'이라고 일컫는 이유가 여기에 있습니다.

나아가 제임스는 인간의 잠재의식과 종교 체험을 연결합니다. 그는 우리의 마음이 서로 구분될 수 있는 여러 종류의 '의식 상태(states of consciousness)'들로 이루어져 있고, 특정한 상태에서는 잠재의식이 전면에 드러날 수 있다고 보았습니다. 잠재의식이 나타나면서 보이지 않는 차원이나 존재가 개인에게 인식되는 사건이 바로 종교 체험입니다. 특히 그는 여러 종류의 종교 체험 중에서도 '신비적 합일 체험'이 가장 중요하다고 강조했습니다.

기독교 신학자인 틸리히는 제임스와는 다른 각도에서 종교를 정의합니다. 틸리히는 "종교라는 것은 궁극적 관심(ultimate concern)에 붙잡힌 상태"라고 주장합니다. '궁극적 관심'이라고 하면 언뜻 어렵게 들리지만, 우리가 살아가면서 직면하는 절실한 물음이라고 보면 됩니다. 다음과 같은 질문이겠

폴 틸리히(Paul Tillich) ⓒWikimedia

지요. 우리는 왜 태어났고, 또 왜 죽어야만 하는가? 우리는 죽음 이후에 어떻게 될까? 인간을 포함해 이 모든 것들은 왜 존재할까? 등등이요. 이렇게 사뭇 심오하게 보이는 질문들이 곧 우리의 궁극적 관심입니다. 그는 이런 의문과 여기에 대한 해답 모색의 노력이 곧 종교라고 보았던 것이지요.

틸리히의 주장처럼 우리가 아는 모든 종교는 인간 삶의 의미가 무엇이고, 죽음 이후에 어떤 일이 벌어지는가를 이야기합니다. 예컨대 종교가 종교적 신행의 최종 목적으로 제시하는 '구원, 해탈, 견성'과 같은 사건들은 삶의 궁극적 의미와 직접 연결됩니다. 또 기독교의 천국과 지옥, 불교의 육도(六道), 힌두교의 윤회와 전생과 같은 교리는 삶과 죽음을 관통하는 존재의 전모를 다루고 있습니다.

두 사람의 정의를 한 번 결합해 볼까요. 요컨대 종교란 '인간이 물을 수밖에 없는 삶의 궁극적 물음에 대한 해답을 눈에 보이지 않는 차원과의 관계에서 찾으려는 시도' 정도가 되겠지요.

기독교인들에게 성경은 어떤 책입니까? 신이 인간에게 주신 말씀입니다. 계시(啓示)를 듣거나 종교적 '비전(vision)'을 보는 사자(使者)들이 신의 뜻을 받아 적은 것이지요. 눈에 보이지 않는 차원에서 유래한 메시지가 예언자나 선지자들을 통해 이 세계로 전달되었다는 주장입니다. 또한 성경은 삶에서 직면하는 궁극적 관심에 대한 해답을 담고 있습니다. 성경만 그런 것은 아니지요. 선지자 무함마드(Muhammad, 570~632)가 알라의 말씀을 전해 듣고 기록했다는 『꾸란』도 마찬가지입니다. 이처럼 모든 종교는 삶의 궁극적 관심에 대한 해답을 보이지 않는 차원과의 관계 속에서 모색하고, 이 과정에서 얻어진 가르침을 경전이나 구술(口述)의 형태로 후대에 전합니다. 삶과 죽음의 문제를 비롯해 존재의 궁극적인 의미를 제시하고 있는 것이지요.

이제 우리에게 익숙한 개념인 '세계관'의 관점에서 종교라는 현상에 접근해 볼까요. 세계관 개념을 활용하면, 인간의 '인식'과 '행동'이라는 차원에서 종교의 의미를 더 명료하게 파악할 수 있습니다.

세계관과 종교

'세계관(世界觀, world view)'이란 말 그대로 '세상을 바라보는 관점(觀點, viewpoint)'입니다. 우리는 나 자신과 타인을 비롯해 존재하는 모든 것을 항상 바라보고 있습니다. 여기서 '본다'라는 단어는 그저 시각적인 인식만을 뜻하지는 않습니다. 여기에는 이해와 해석이라는 인지적 과정이 포함됩니다. 우리는 사물과 현상을 '있는 그대로 본다'라고 생각하기 쉽지만, 실제로는 세계관이라는 해석의 틀을 통해 파악합니다. 그런데 해석이 하도 즉각적이어서 그 과정이 있는지조차 알아차리기 어려운 것이지요.

세계관은 날 때부터 눈에 달라붙어 있어, 그 존재를 좀처럼 알기 어려운 '컬러 콘택트렌즈'와도 같습니다. 처음부터 있었던 탓에 떼기 전에는 알 수도 없는 렌즈 말입니다. 물고기는 물에서 태어나 그 속에서 살다 죽기 때문에 물의 존재를 눈치챌 수 없습니다. 물 밖에 나오기 전에는 '물속에서 살았다'는 사실조차 실감할 수 없지요. 물을 인식하려면 반드시 '그것의 바깥으로(*eks*) 나와 서야(*stasi*)'만 합니다. 즉, 엑스터시가 필요합니다.

이처럼 세계관은 자신과 모든 존재를 투과해서 바라보게 만드는 필터와도 같아서, 설령 알아차리지 못하더라도 우리의 인식과 행동에 결정적인 영향을 미칩니다. 세계관의 중요성을 보여주는 일화가 널리 알려진 『걸리버 여행기』에 등장합니다. 주인공 걸리버(Gulliver)가 소인국에 가보니 그들이 둘로 나뉘어 수십 년 동안 싸우고 있었습니다. 그런데 양자의 갈등을 부채질한 이유 중 하나가 삶은 달걀을 어느 쪽으로 깰 것인가였습니다. 왕족 한 명이 달걀을 깨다가 손을 다치자, 넓적한 쪽과 뾰족한 쪽 중 어디로 깰지를 두고 논쟁이 생겼던 겁니다. '참된 신앙인은 계란을 편리한 쪽으로 깨야한다'라는 교리가 하필 소인국에 있었는데, 해석 차이가 전쟁을 더 격화시켰던 것입니다.

물론 조너선 스위프트(Jonathan Swift, 1667~1745)는 이 소설로 당대의 어리석음을 풍자했습니다. 그러나 우리라고 크게 다를까요. 종교적 교리라는 심각한 사안까지 갈 필요도 없습니다. 우스갯소리로 들리지만, 욕실 화장지를 어느 방향으로 걸어두는가에서부터 탕수육 소스를 부어 먹을 것인가 찍어 먹을까에 이르기까지 사소한 일에도 모두가 동의하는 답은 없습니다. 삶의 많은 선택이 각자가 부여하는 의미에 따라 이루어지기 때문입니다.

이 대목에서 세계관 개념의 유용성이 부각됩니다. 인간은 동물과 달리 본능에 따라 모든 행동을 하지는 않습니다. 우리는 삶의 의미 체계인 세계관에 근거해 사소한 일에서부터 직업, 결혼과 같은 중요한 사안까지 모든 것을 결정합니다. 그래서 세계관은 매우 중요합니다. 특히 삶과 죽음의 의미는 세계관의 핵심을 차지하는데, 종교인의 경우 종교적 교리가 이 부분을 형성합니다. 이것이 다를 경우 아주 큰 차이가 빚어집니다. 종교가 세계관의 핵심적인 부분에서 차이를 만들어내고, 이는 필연적으로 전혀 다른 행동으로 귀결된다는 것이지요.

예수와 아돌프 히틀러(Adolf Hitler, 1889~1945)가 보여준 극명한 차이를 살펴볼까요. 히틀러는 2차 세계대전을 일으키고 전쟁 중에 600만 명에 달하는 유대인을 조직적으로 학살한 '홀로코스트(holocaust)'의 주역입니다. 유대인을 증오한 히틀러와 그의 세계관을 받아들인 많은 이들이 잔혹한 비극을 초래한 것이지요. 안타깝지만 당시 독일인들만 그의 생각에 동조했던 것은 아닙니다. 여러 가지 이유로 히틀러의 계획에 협조한 유럽인들이 없었더라면, 짧은 기간에 그토록 많은 유대인이 목숨을 잃는 사건은 불가능했을 겁니다.

반면 예수는 히틀러와 전혀 다른 삶을 살았습니다. 신분이 낮은 사람을 포함해 주변의 누구에게나 도움과 위로의 손길을 내밀었고, 심지어 원수를 사랑하라는 당시로서는 받아들이기 힘든 파격적인 가르침도 전했습니다. 그러나 그 뜻을 이해하지 못했던 유대인들은 로마인들이 예수를 처형하는 일을 막지 않았습니다. 예수는 십자가 위에서 극심한 고통을 겪으면서도, 신이 유대인들을 용서해 주길 간청합니다. 성경에 따르면 예수는 동족인 유대인은 물론 인류의 죄를 대속하기 위해 자신을 희생합니다.

이처럼 두 사람은 같은 유대인을 완전히 다르게 받아들였습니다. 히틀러에게 유대인들은 죽어야 마땅한 증오와 미움의 대상이었지만, 예수에게는 성별, 신분과 같은 지상의 모든 조건과 무관하게 사랑받아야 할 존재였습니다. '사랑'과 '증오'라는 극단적인 행동 방식의 차이는 결국 두 사람의 세계관에서 비롯되었습니다. 예수는 유대인 모두를 하느님의 아들, 딸로 인식해 사랑하려고 노력했고, 히틀러는 유대인을 독일 민족과 유럽인들에게 해를 끼친 사악한 민족이라 확신했던 것이지요. 세계관의 차이가 전혀 다른 행동을 낳은 겁니다.

종교적 세계관이 인간의 행동을 뒷받침하고 정당화한 사례는 종교사에서 넘칩니다. '마녀사냥(witch hunt)'이 전형적입니다. 중세 유럽에서 수많은 여성이 종교 재판을 통해 마녀로 판결받아 처형당했습니다. 정확한 수는 알 수 없지만, 수백 년 동안 적어도 수만 명이 목숨을 잃었으리라 추정됩니다. 온갖 고문 끝에 마녀로 자백한 후 화형당했던 것이지요. 특정인이나 집단이 근거 없이 핍박받는 현상을 지금도 마녀사냥이라고 부를 정도입니다. 그런 방식의 잔인한 인권 침해가 이제는 불가능하지만, 당시에는 확고한 종교적 세계관에 근거해 이루어졌습니다.

그 밖에도 중세 유럽 전역을 휩쓸었던 신교와 구교 사이의 참혹한 종교 전쟁, 그리고 성지 탈환의 명목으로 여러 차례 시도된 십자군 원정 역시 종교의 이름으로 벌어졌던 대규모 폭력입니다. 이처럼 종교가 유발하거나 악화시킨 갈등과 폭력은 열거하기 힘들 정도입니다. 종교가 이 모든 행동의 유일한 원인이었다고 말하기는 어렵겠지만, 종교적 세계관이 뒷받침하거나 정당화하지 않았더라면 그토록 격렬해지기 어려웠을 겁니다.

규모와 정도는 다르지만 비슷한 사건은 여전히 벌어집니다. 종교가 정치적, 이념적 갈등을 만들어 내고, 증폭시키는 기제로 작용하고 있는 것이지요. 갈등은 911테러처럼 문명과

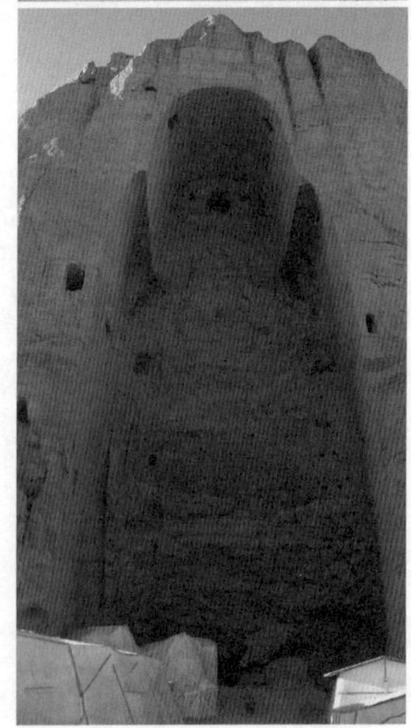

바미안 불상의 과거(위)와 현재(아래)
ⓒWikimedia

국가 사이에서뿐만 아니라 공동체 내부에서도 발생합니다.

아프가니스탄의 사례를 볼까요. 이슬람 근본주의자들인 탈레반(Taliban)이 정권을 잡으면서, 과거와 다른 현상이 빚어집니다. 가족이 아닌 남성에게 얼굴을 보여주면 안 된다는 교리로 인해 하루아침에 여성들이 직업을 잃습니다. 또 유네스코가 세계 문화유산으로 지정한 바미안(Bamiyan) 석불 역시 이 시기에 사라집니다. 6세기경 만들어진 높이 55m의 거대한 석불이 2001년에 로켓포와 폭약으로 완전히 파괴된 것입니다. 다른 종교의 상징을 그대로 둘 수 없다는 종교적 신념이 초래한 사건입니다.

현대 들어 종교는 세속적 세계관과도 충돌합니다. 종교적 세계관과 과학적 세계관 사이의 갈등이 대표적입니다. 인간이 단세포 생물에서부터 복잡한 형태로 발달해 왔다는 진화론은 세계가 창조되었다는 성경의 창조론과 어긋나 보입니다. 그래서 진화론을 공교육 기관에서 가르치면 안 된다고 주장하는 종교인들이 등장한 것이지요.

1925년 미국 테네시주에서 존 스코프스(John T. Scopes, 1900~1970)라는 과학 교사가 학생들에게 진화론을 가르쳤다는 이유로 고소당합니다. 미국 안팎에서 격렬한 논쟁을 불러일으켰지만, 결국 재판에서 벌금형을 선고받습니다. 당시 '원숭이 재판'으로 불릴 정도로 파란을 일으켰습니다.

우리도 예외는 아닙니다. 우리나라는 다종교 사회인 탓에 종교를 둘러싼 충돌이 발생할 가능성이 큽니다. 비록 갈등의 빈도나 강도가 다른 나라에 비해 낮지만요. 타 종교의 상징이나 건물을 대상으로 하는데, 주로 불교 사찰의 방화나 불상 훼손과 같은 형태로 이루어졌습니다. 발생 건수도 적고 소수의 행동에 그쳐서 전면적인 갈등으로 비화하지는 않았습니다. 다행스러운 일입니다만, 이런 행동 이면에 종교가 자리하고 있다는 사실은 분명합니다. 종교적 세계관이 없었더라면, 애초에 종교 시설을 대상으로 삼지 않았을 터이니 말이지요.

주변에서 더 흔하게 목격할 수 있는 사례는 종교로 인한 가족 구성원의 불화입니다. 종교적 믿음 때문에 부부나 세대 간의 화합이 깨지는 경우이지요. 이 역시 다른 나라에 비교하면 심하지 않습니다. 교리를 어겼다는 이유로 가족 내부에서 '명예 살인'마저 일어나는 나라도 있으니까요.

그러나 수위가 낮더라도 종교가 타인과의 관계를 악화시킬 수 있다는 사실을 우리 사회는 명확하게 인식하고 있습니다. 한 결혼 정보 업체의 2010년 조사에 따르면 우리나라 미혼 남녀들이 배우자를 선택할 때 고려하는 첫 번째 기피 조건이 뜻밖에도 종교로 나타난 적이 있습니다. 이조사 결과는 종교가 부부 사이의 심각한 갈등 원인이 될 수 있음을 보여줍니다.

요컨대 인간은 본능이 아니라 세계관이라는 의미 체계에 근거해 행동 방식을 선택합니다. 그런데 사회가 발전할수록 선택의 폭이 넓어지므로, 세계관의 영향력도 비례해서 커집니다. 특히 종교인의 경우에는 교리와 같은 종교적 가르침이 삶과 죽음의 궁극적 의미에 직접적인 영향을 줍니다. 그래서 종교인들은 자신의 종교적 세계관에 근거해 더 농도 짙게 행동할 가능성이 있습니다.

실제로 종교인들은 종교의 가르침에 따라 경이로울 정도의 이타적 행위와 희생을 합니다. 종교적 신심으로 타인을 돕는 데 평생을 바친 경우가 대표적입니다. 그러나 살인과 같은 극단적인 폭력을 타인에게 서슴없이 행사하기도 합니다. 종교의 이름으로 행해진 수많은 갈등과 폭력이 이를 증언합니다. 다시 말해 종교는 세계관을 매개로 인간의 인식과 행동에 그야말로 지대한 영향력을 미치는 것이지요.

과거에 종교적 세계관은 인간 삶의 거의 모든 부분을 좌우했습니다. 그러나 사회가 종교의 영향력에서 벗어나면서 종교적 세계관은 우리가 선택할 수 있는 많은 관점 중의 하나로 변모했습니다. 중요성과 영향력이 대폭 축소된 것입니다. 이를 반영해 종교적 세계관이 유발하는 부정적 측면에 대한 반발과 비판 역시 훨씬 강력해졌습니다. 종교를 떠난 이들이 종교와 종교인을 외부자의 관점에서 바라보기 때문입니다.

즉 종교적 세계관이 지배적이라면 교리나 권위에 의해 정당화되었을 행동들이 이제는 전혀 다른 방식으로 받아들여지고 있습니다. 그래서 종교가 초래하거나 증폭시키는 갈등 역시 더 큰 논란과 반발을 불러일으킵니다.

이런 전체적인 변화를 염두에 두고 종교가 '왜', 그리고 '어떤 점'에서 문제가 되고 있는지를 더 구체적으로 살펴볼까요. 종교의 역할이 변했다는 측면에 주목해서 말입니다.

종교의 역할과 의미

종교는 전통적으로 세 가지 중요한 역할을 맡아 왔습니다. 이 점을 더 잘 이해하기 위해서는 종교를 '수행(修行, religious practice) 전통'으로 살펴볼 필요가 있습니다. 달리 말해 종교란 우리가 스스로 갈고 닦아 더 행복한 존재가 될 수 있다고 주장한다는 점에서 수행 전통입니다.

수행이란 의도적으로 자신을 바꾸려 노력하는 행위를 뜻합니다. 이 단어는 '닦음(修)'과 '행함(行)'이라는 두 글자로 구성되는데요. '닦음'이란 종교적 가르침에 기반해 심신을 정화해 나가는 것을, '행함'이란 닦음을 통해 얻은 앎을 실천하는 것을 의미합니다. 이는 종교가 말하는 수행이 우리 삶을 실제로 바꾸는 일과 밀접하게 연결되어 있음을 보여 줍니다.

한편 수행 전통인 종교는 우리가 노력하면 다른 존재로 변화할 수 있다는 사실을 근본 전제로 삼습니다. 예컨대 불교는 모든 존재의 내면에 '불성(佛性)'이 자리한다고 역설합니다. 모두가 불성을 가지고 있다는 사실을 수행으로 확인할 때 우리는 '깨달은 자', 즉 붓다가 된다는 가르침입니다. 힌두교와 같은 유신론적 종교 전통 역시 우리 내면에 '신성(神性)'이 존재하며, 이를 알아차리는 '범아일여(梵我一如)'와 같은 사건이 종교의 핵심이라고 설파합니다.

종교는 이 전제를 실현하는 구체적인 방법으로 세 분야의 노력을 강조합니다. 지성, 윤리, 명상이 바로 그것입니다. 불교는 이를 '계정혜(戒定慧) 삼학(三學)'으로 간명하게 표현합니다. '계(戒)'는 타인과의 관계 속에서 어떻게 행동하는가를 다루는 윤리적 규범입니다. '정(定)'은 '선정(禪定)', 다시 말해 명상으로 직관적인 통찰을 모색하는 분야이고요. '혜(慧)'는 지혜를 의미하는 것으로, 나와 세상을 더 넓게 이해하도록 만드는 지적인 훈련을 뜻합니다.

서구에서는 그리스 전통이 비슷한 주장을 펼쳤습니다. 플라톤으로 상징되는 그리스 철학은 인간이 추구해야 할 중요한 가치를 '진선미(眞善美)'로 제시합니다. '진(眞)'은 지성적 수행이 지향하는 가치이고, '선(善)'은 윤리적 수행의 목표입니다. 그리고 '미(美)'는 아름다움이라는 존재의 본질을 직관하는 활동이라는 점에서 명상과 관련됩니다. 동서양을 불문하고 인간이 온전해지기 위해서는 세 영역의 수행이 필요하고, 또 각기 독자성을 지니므로 고유한 방식으로 완성되어야 한다고 본 것이지요.

지성적 수행은 자신과 세계, 그리고 삶의 전모를 올바르게 인식하는 지적인 능력을 키우는 것을 의미합니다. 그리스의 '로고스(logos)', 유교의 '이성(理性)', 불교의 '교학(教學)'과 같이 종교 전통은 모두 '지적인 갈고 닦음'을 강조합니다. 잘 알려진 '머리'와 '심장'의 비유 중에서 머리에 해당합니다. 성경의 "뱀처럼 지혜롭고 비둘기처럼 순결하라(마태복음 10장 16절)"라는 구절에서 '뱀의 지혜'가 지성을 뜻한다고 볼 수 있지요. 진리(眞理)를 파악하는 지적 능력의 배양이 곧 지성적 수행입니다.

명상 수행은 우리의 일상적인 의식 상태를 변화시켜 종교적 통찰을 얻으려는 노력을 총칭합니다. 인간의 마음이 여러 계기에 의해 서로 구분되는 상태로 변한다는 사실은 고대부터 널리 받아들여져 왔습니다. 명상은 종교 전통이 전승해 온 대표적인 의식 변형의 방법이지요. 명상의 근본 원리는 의식을 집중해 모든 사고 작용을 멈추고, '지켜보는 의식' 자체로 옮아가는 데에 있습니다. 이럴 때 일상적인 상태에서 알지 못했던 존재의 측면이 드러나 인식된다는 것입니다. 그러니 명상은 '내 밖에 선다'라는 의미의 엑스터시(ecstasy)와 곧바로 연결됩니다. 또한 명상은 '나'를 비우려는 '나' 자신의 노력이라는 점에서 역설적이기도 합니다. 명상을 통해 체득되는 통찰과 앎은 '미(美)의 직관(直觀)'처럼 순간적이며 즉자적입니다.

마지막으로 윤리적 수행은 나 아닌 것과의 관계에서 어떻게 행동할지를 다룹니다. 그 대상에는 타인, 우주, 궁극적 실재가 망라됩니다. 이렇게 보면 윤리란 법률과 같은 사회 규범에 부합하는 행동만을 뜻하지 않습니다. 종교적 수행의 관점에서 바라본 윤리란 타자와 맺는 관계 속에서 모두를 행복하게 만든다는 더 넓은 의미로 확장될 수 있습니다. 종교가 곧 윤리 규범 체계라고 여기기 쉽지만, 윤리와 윤리적 수행은 종교의 중요한 부분 중 하나이지요.

종교는 우리가 행복해지기 위해서는 세 분야의 수행이 필요하다고 강조하면서, 그 구체적인 방법을 오랫동안 전승해 왔던 것입니다. 그런데 현대 들어 상황이 달라집니다. 종교의 영역에 속했던 세 가지 수행이 종교의 테두리를 빠르게 벗어나는 현상이 발생한 것입니다. 특히 지성적 수행 분야에서 이런 경향이 두드러집니다. 자연과학, 인문학, 사회과학과 같은 지적인 능력을 배양하는 학문 분과가 종교적 세계관에서 독립합니다. 더 나아가 대학 등의 교육 기관이 종교가 맡았던 지성적 훈련의 기능을 철저하게 대체합니다. 현대 사회의 공교육 기관은 종교적 세계관에 따른 우주론과 인간론을 더 이상 가르치지 않지요. 설령 이를 다루더라도 지식과 정보의 전달이라는 차원에 그칩니다.

윤리적 수행도 크게 다르지 않습니다. 과거에는 종교가 윤리적 규범의 독보적인 원천이었다면, 지금은 세속화된 법규범 체계가 이를 대신합니다. 종교적 교리가 윤리의 거의 유일한 원천으로 기능했던 상황이 급변한 것이지요. 물론 종교법이 사회를 규율하는 역할을 여전히 수행하고 있는 일부 이슬람 국가들은 예외입니다.

세 분야 중 명상 수행은 그나마 종교의 테두리 안에 머무르고 있습니다. 수행을 통해 자신과 세계를 직관적으로 통찰하려는 시도는 여전히 종교의 영역으로 간주된다는 뜻입니다. 그런데 최근 이 분야에서도 변화가 나타납니다. 명상과 요가와 같은 종교의 수행법이 세속화된 심신의 치유 기법으로 활용되고 있는 것이지요. 종교적 배경과 무관하게 불교 사찰에서 진행되는 '템플스테이'에 참여해 명상을 체험하려는 현상이 대표적입니다. 그리고 '마음챙김(mindfulness)'과 같은 동양 종교에서 유래한 명상법이 의료 분야에서 스트레스를 낮추는 기법으로 채택되는 흐름 역시 비슷합니다. 가장 종교적이었던 명상 수행조차 종교의 영역에서 벗어나는 중입니다.

수행 전통인 종교는 인간의 가치를 선언하고, 이를 구현하는 구체적인 방법을 제시했다는 점에서 중요한 역할을 맡았습니다. 개개인의 세계관을 형성하는 것은 물론 존재의 온전성과 행복을 구현하는 기능을 담당했던 것이지요. 하지만 앞서 다룬 것처럼 종교는 자신의 전통적인 역할을 잃고 있습니다. 그래서 변화하는 시대에 걸맞는 새로운 정체성을 모색하고 제시해야만 합니다. 종교적 세계관을 수용하지 않는 이들도 설득할 수 있는 방식으로 말이지요.

그렇지만 빠른 속도로 변화하는 현대 사회에서 그 답을 찾는 일은 쉽지 않아 보입니다. 무엇보다 종교가 누렸던 과거의 권위와 영향력은 더 이상 당연하지 않게 되었습니다. 예전과 달리 종교의 전통적인 의미와 가치를 사회 구성원들이 받아들이지 않는 것이지요. 과거의 방식으로 접근해서는 곤란하다는 뜻입니다. 게다가 종교 전통들이 제시하는 종교의 의미와 가치마저 서로 다릅니다. 그래서 복잡해진 현대 사회에서 모든 종교가 설득력이 있는 하나의 해답을 제시하는 일은 이제 전적으로 불가능해졌습니다. 심지어 개별 종교 전통마저도 동일한 답을 주고 있지 못합니다.

기독교를 예로 들어볼까요. 우리는 통상 기독교를 하나의 단일한 종교 전통으로 여깁니다. 그러나 실상은 이와 사뭇 거리가 있습니다. 가톨릭과 개신교만 하더라도 교리, 조직, 의례와 같은 여러 차원에서 다릅니다. 나아가 개신교 역시 장로교, 감리교 등 수많은 교파로 나뉩니다. 심지어 단일한 교파 내부도 자유주의적 세계관 또는 보수주의적 세계관을 가진 그룹으로 구분됩니다. 전자는 과학적 세계관을 포함해 최근의 변화를 많이 수용하는 편이지만, 후자는 그렇지 않습니다.

불교 역시 마찬가지입니다. 전통을 강조하는 보수적인 불교도 있지만, 시대 변화를 적극적으로 수용하는 집단도 있습니다. 독신 수행 제도를 받아들이지 않는 종파도 등장했습니다. 과거라면 찾아보기 매우 어려웠지요. 이처럼 종교는 전체로서도 그러하지만, 개별 종교 차원에서도 단일한 실체가 아닙니다. 이런 상황에서 종교의 의미와 역할이라는 근본 정체성에 대한 답변은 말할 것도 없거니와 구체적인 사안에 대해서도 서로 다른 목소리를 낼 수밖에 없습니다.

실제로 종교는 현대 사회가 제기하는 여러 물음에 각기 다른 반응을 보입니다. 답이 필요한 문제는 다종교 상황, 종교의 정치 참여, 안락사, 여성 사제, 낙태, 페미니즘, 동성애, 이민자 수용 등 참으로 여럿입니다. 사회가 복잡해질수록 해답을 요구하는 문제는 점점 증가하고 있지요. 그런데 설득력 있는 답은 고사하고, 상반된 해답을 내놓는 상황은 종교가 직면한 어려움을 단적으로 보여 줍니다.

경전을 문자 그대로 진실이라고 받아들이는 보수적인

경향이 강해지는 추세는 상황을 더 복잡하게 만듭니다. 세속화된 현대 사회와의 갈등을 한층 증폭시키기 때문입니다. 종교 경전 대부분은 과거에 쓰인 탓에, 현대적 시각에서 보면 납득하기 어려운 내용을 간혹 담고 있습니다. 남녀 차별, 노예제, 다른 종교나 이민족에 대한 혐오와 폭력, 비과학적 주장에 이르기까지 다양합니다. 경전이 쓰일 당시는 지금과 상황이 매우 달랐고, 오랫동안 종교의 영향력과 권위가 막강했으므로 문제로 불거지지 않았습니다. 그러나 상황이 급격하게 달라진 지금에는 경전의 내용을 둘러싸고 종교적 세계관과 세속적 세계관의 충돌이 전면적으로 벌어집니다.

게다가 경전을 액면 그대로 수용하고 이를 삶에 적용하려는 '문자주의적' 혹은 '축자주의적(逐字主義的)'인 경향은 현대 들어 더욱 눈에 띄기 마련입니다. 변화한 시대와의 뚜렷한 대조 때문입니다. 전면적인 변화가 초래한 불확실성은 종교 경전에서 확고한 삶의 기준을 확보하려는 시도를 강화시켰습니다. 경전의 말씀을 금과옥조로 여기고 거기에 부합한 삶을 꾸리겠다는 의도입니다. 빠른 변화에 대한 종교적 대응입니다. 이런 태도에 수반되는 단호함이 시선을 더 끄는데, 확신에 찰수록 목소리도 행동도 커지기 십상인 것이지요.

이런 이유로 인해 문자주의적 태도는 종교의 전체적인 이미지를 형성하는 과정에서 과도할 정도로 큰 영향력을 미칩니다. 사회가 과잉 표상되는 종교와 종교인의 특정 행동을 해당 종교는 물론 종교 전체의 이미지로 여기기 쉬워졌다는 겁니다. 종교에 무관심한 무종교인의 경우에는 더욱 그러하겠지요.

나아가 종교는 과거처럼 사회의 여타 분야에 대해 우월한 전문성과 권위를 갖지 못합니다. 종교 바깥의 영역들이 눈부시게 발전한 것이지요. 그 결과 사회의 각 분야에는 전문가들이 넘쳐납니다. 그들은 자신의 전문 분야에서 직업 종교인보다 훨씬 더 많은 지식과 경험을 갖추고 있습니다. 예컨대 바람직한 정치 시스템이나 외과 수술 방법을 직업 종교인이 해당 분야 전문가보다 더 잘 아는 일은 이제 불가능합니다. 그런데 종교인이 특정 정치인을 섭리가 선택한 사람이라고 선언하거나, 질병을 하늘의 심판 혹은 전생의 악업에서 비롯되었다는 종교적 해석을 고집한다면 어떻게 될까요? 일반인은 물론 물론 그 분야의 전문가가 보일 반응을 짐작하기란 어렵지 않습니다.

근대 이전에 사제와 승려들은 소수 지식인 그룹에 속했습니다. 사회 구성원 대다수는 글도 제대로 못 읽었지요. 그러나 지금은 전혀 다릅니다. 대중의 교육 수준은 과거와 비교할 수 없을 정도로 높아졌습니다. 전문가들의 전문성은 말할 필요도 없습니다. 이런 상황에서는 종교인의 전문성이 무엇인지를 자연스럽게 물을 수밖에 없습니다. 사회의 모든 분야가 종교적 세계관에서 벗어나 놀라울 정도로 세분화되고 전문화되었기 때문입니다. 덧붙여 지성, 윤리, 명상과 같은 종교의 전통적인 역할이 빠른 속도로 종교의 테두리를 벗어나기도 했고요. 그러니 종교의 부정적인 모습은 과거에 비해 훨씬 더 뚜렷하게 인식되기 마련입니다.

요컨대 종교는 변화한 시대에 걸맞은 자신의 역할과 의미를 성공적으로 제시하지 못하고 있습니다. 현대 사회가 마주한 여러 문제에 대해 적절한 해답을 주고 있다고 보기도 어렵고요. 설상가상으로 종교 근본주의자들의 극단적인 주장과 행동은 종교를 둘러싼 혼란과 갈등을 더욱 증폭시킵니다. 종교가 최근의 급격한 시대 변화에 휩쓸렸다고 보아도 과언은 아닙니다.

그래서 현대인들은 종교를 떠나고 있습니다. 나아가 종교의 효용 자체를 부인하는 견해까지 등장했습니다. 종교가 없어지면 개인과 공동체가 더 행복해지리라는 종교 무용론까지 나타난 것이지요. 이런 과정을 거쳐 종교의 영향력은 더욱 빠르게 감소합니다. 일종의 악순환입니다. 특히 젊은 세대들의 종교에 대한 인식은 과거와 완전히 다릅니다. 그들에게 종교를 갖지 않는 이유를 물어보면, '왜 가져야 하나요'라고 반문합니다. 종교에 철저하게 무관심해진 것입니다. 그래서일까요? 가톨릭과 불교와 같은 독신 출가 제도에 기반한 종교들은 사제와 승려 충원에 어려움을 겪고 있습니다. 이런 추세가 지속된다면 종단의 존립마저 위험할 정도입니다.

바로 이 대목에서 저와 같은 종교학자의 고민은 커집니다. 누구나 현대 의학의 필요성에 대해서 공감합니다. 질병의 극복은 물론 육체적 건강과 수명 연장이라는 편익을 우리에게 제공해 주니까요. 그렇다면 종교의 의미와 역할은 무엇일까요? 종교는 사회의 수준이 낮고, 삶의 어려움이 극심했던 때에나 유용했을까요? 모든 것이 변한 지금은 종교가 더 이상 필요하지 않을까요?

종교가 좋은 영향을 주었던 것만은 분명 아닙니다. 여전히 사회적 갈등의 큰 원인이 되고 있기도 하고요. 또 일부 종교나 종교인의 언행이 우리의 눈살을 찌푸리게 만드는 것도 부인하기 어렵습니다. 하지만 종교가 그저 나쁘기만 한 것일까요? 만약 '제대로 된' 종교 생활이 이루어진다면, 종교는 여전히 우리에게 도움이 될 수 있지 않을까요. 물론 이런 주장은 여러 측면에서 비판받을 수 있습니다. 종교를 유용성의 문제로만 바라보는 태도가 적절한가라는 의문도 있고요. 또 '제대로 된'이라는 표현이 과연 타당한가라는 비판도 가능합니다. '사회적 비판을 초래하는 종교나 종교인이 정말 일부에 불과한가'라는 물음도 제기될 수 있습니다.

그러니 종교의 새로운 의미와 역할을 본격적으로 다루기 전에, 현대 사회의 어떠한 변화가 종교의 근본적인 정체성을 되묻게 만드는지를 살펴볼 필요가 있습니다. 새로운 종교의 정체성 모색과 '제대로 된' 종교 생활이 바로 '지금 여기'에서 이루어져야 하기 때문입니다. 종교는 예전과 그리 달라지지 않은 것처럼 보이지만, 현대 사회는 엄청나게 변화했으니 말입니다.

참된 종교의 판별 기준은 이상적인
교리의 선언에 있지 않다.
핵심은 그것을 해석하고 실천하는
과정에서 우리 삶에 미치는
실질적인 결과이다.

2장

현대 사회와 종교

종교가 마주한 현대 사회의 변화를 더 자세하게 살펴보려고 합니다. 종교가 고유의 의미와 역할을 어떻게 되찾을 수 있을지를 모색하기 위해서는, 새로운 환경을 고려해야 할 테니까요. 종교는 근대 이후에 '세속화'로 요약되는 유례 없는 변화를 마주하고 있습니다. 정치, 교육, 경제와 같은 모든 사회 분야가 종교적 세계관의 영향력에서 벗어난 것입니다. 이 과정에서 종교의 권위와 영향력 역시 현저하게 축소됩니다.

한편 경제적 풍요, 정치적 권리 향상, 교육 수준의 제고는 공동체의 구성원들에게 종교 선택의 자유를 넘어서 종교를 믿지 않을 권리마저 전적으로 부여합니다. 그 결과 종교를 비판적으로 바라보는 시각이 어느 때보다 강력해졌습니다. 종교는 과거의 우월한 지위를 상실했을 뿐만 아니라, 자신의 의미와 가치를 적극적으로 설득해야 할 의무를 처음으로 부여받게 되었습니다.

세속화와 탈종교 현상

현대 사회는 모든 분야에서 급격한 변화를 겪는 중입니다. 그 정도가 하도 커서, 앞으로의 방향조차 가늠하기 힘들 정도입니다. 종교 역시 이런 상황에서 자유롭지 않습니다. 종교가 직면한 상황은 베버(Max Weber, 1864~1920) 이후 많은 이들이 역설한 '세속화(secularization)' 개념으로 압축됩니다. 과거에는 종교적 세계관이 법, 정치, 경제, 교육 등 사회의 모든 분야를 좌우하는 핵심적인 가치였습니다. 그런데 근대 이후에는 합리성이 사회 운영의 결정적인 원리로 부상합니다. 서구 사회와 기독교의 관계가 보여주듯 종교적 세계관이 과거의 압도적인 영향력을 잃게 된 것입니다.

이제 일부 이슬람 국가를 제외하고 대부분은 '성스러운'

종교적 규범이 아닌 '세속적인' 가치에 의해 운영됩니다. 정치와 종교가 엄격하게 분리되어야 한다는 '정교분리의 원칙'이 대표적입니다. 선거를 비롯해 모든 정치 활동에서 종교적 교리는 더 이상 근본 원리가 아닙니다. 과거에는 동서양을 불문하고 왕과 같은 지도자는 천명(天命)이나 신의 뜻과 같은 초월적 차원의 승인이 필요했는데 말이지요. 이처럼 개인의 삶은 물론 사회 모든 영역이 종교적 세계관의 영향에서 벗어나는 '탈종교 현상'이 세속화의 가장 큰 특징입니다.

동양 역시 근대 이후 서양과 본격적으로 교류하면서, 사회가 합리성에 따라 운영되어야 한다는 원칙을 도입합니다. 과거에 중국을 필두로 한 동양의 많은 나라들은 하늘의 아들(天子)인 왕이 천리(天理)에 따라 공동체를 꾸려야 한다고 여겼습니다. 즉, 보이지 않는 차원과 보이는 차원을 망라하는 통합적인 세계관에 의해 공동체가 운영되었습니다. 그러다가 일본을 필두로 서구의 세속화된 운영 원리를 받아들이게 됩니다. 심지어 중국은 유물론적 세계관의 전형인 공산주의를 수용해, 사회의 모습을 완전히 바꾸기까지 합니다. 동서양 모두 세속화가 전면적으로 진행되면서 종교의 권위가 급속도로 약해지기 시작한 것이지요.

대부분의 국가에서 종교는 개인의 선택 대상으로 변모했습니다. 현대인들은 종교를 선택할 자유는 물론 종교를 믿지 않을 권리도 전면적으로 행사합니다. 종교의 자유가 철저하게 구현되면서, 종교인의 수 역시 줄어들고 있습니다. 퓨 리서치(Pew Research)의 조사에 따르면 전 세계의 '무종교인(無宗敎人)' 혹은 '비종교인'은 2007년 11.77%에서, 불과 8년 후인 2015년에 16%로 급증했습니다. 이 수치는 종교를 삶의 핵심적 가치로 여기지 않는 사람들이 본격적으로 등장했을 뿐만 아니라, 증가 속도 역시 빨라지고 있음을 보여 줍니다.

그런데 자신을 무종교인으로 선언하는 사람들은 누구일까요? 무종교인은 말 그대로 '종교가 없는 사람'을 뜻합니다. 영어로 'non-religious people'이라고 표기되다가 '비종교적'이라는 부정적인 뉘앙스 탓에, 최근에는 '가입되어 있지 않은(the unaffiliated)'이라는 개념이 선호됩니다. 조직의 소속 여부에만 초점을 맞추기에 중립적으로 보이기 때문입니다. 더 정확히 표현하자면 'the religiously unaffiliated', 즉 종교 조직에 소속되어 있지 않은 이들입니다.

무종교인은 단일한 집합처럼 보이지만, 실제로는 그렇지 않습니다. 여기에는 무신론자와 유물론자는 물론 종교에 속하지 않으면서도 종교적 세계관을 유지하는 사람들도 포함됩니다. 영국의 사회학자인 데이비(Grace Davie, 1946~)는 이들을 '믿지만 소속되지 않은(Believing without Belonging)'이라고 표현했지요.

무종교인의 종교에 대한 태도는 무관심에서부터, 공감적 태도, 확고한 부정에 이르는 폭넓은 스펙트럼을 형성합니다. 무종교인은 종교 조직에 소속감을 느끼지 않는다는 점을 제외하고는 서로 다른 정체성을 가집니다. 심지어 다양한 종교가 동일한 진리의 다른 표현에 불과하다는 보편주의적 견해를 가진 이들도 있습니다.

다종교 사회인 우리 역시 상황이 크게 다르지 않습니다. 통계청의 2005년 인구 센서스에 따르면 전체 인구의 45%가 무종교인이었습니다. 그런데 불과 10년 후인 2015년에는 이 비율이 56%까지 늘어나 과반을 넘깁니다. 1984년 이후 종교 분야의 통계를 꾸준히 작성해 온 한국 갤럽의 조사도 비슷한 결과를 보여 줍니다. 갤럽에 의하면 무종교인의 비율은 2000년대 들어 50%를 넘나들다 2021년에는 60%까지 늘어납니다. 절반을 훌쩍 넘긴 것이지요. 공산주의 국가를 제외하고 무종교인의 비율이 이렇게 높은 나라는 찾아보기 어렵습니다.

갤럽 조사는 무종교인이 급증했다는 점 외에도 몇 가지 흥미로운 사실을 알려 줍니다. 우선 연령이 낮을수록 무종교인의 비율이 높았습니다. 젊은 층(19~29세)의 무종교인 비율은 2021년의 경우 무려 78%에 달했습니다. 반면 60대 이상의 무종교인 비율은 41%에 그쳤습니다.

또 종교를 갖지 않는 이유 역시 '종교에 대한 반발' 혹은

‘시간적 여유가 없다’에서 ‘종교에 무관심’한 것으로 현저하게 달라졌습니다. ‘무관심’으로 응답한 비율은 1997년 26%에서 2021년에는 54%로 급증했습니다. 비슷한 맥락에서 ‘호감을 느끼는 종교가 없다’라는 답변 역시 2004년 33%에서 2021년 61%로 두 배 가까이 증가한 걸로 나타났습니다. 무종교인은 물론 종교 자체에 무관심한 층이 매우 빠르게 늘고 있는 것입니다.

이 사실을 접한 사람들은 자연스럽게 종교의 쇠퇴, 나아가 소멸까지도 예견합니다. 종교가 과거의 영향력을 잃는 것에 멈추지 않고, 종국에는 없어질 수도 있다는 주장입니다. 정말로 그럴까요? ‘종교’라는 단어가 지칭했던 여러 현상들이 아예 사라질까요? 즉, 종교는 미래에 우리 곁에 더 이상 존재하지 않게 될까요?

해답을 찾기 위해서는 질문을 제기하게 만든 사회 변화를 꼼꼼하게 고찰할 필요가 있습니다. 새로운 변화가 이런 질문을 던지게 했고, 종교의 미래 역시 같은 상황 속에서 전개될 터이니까요. 특히 종교의 미래를 가늠해 보기 위해서는 세속화 외에도 다음의 세 측면을 반드시 고려할 필요가 있다고 봅니다. ‘경제적 풍요, 교육 수준의 향상, 정치적 민주화’가 바로 그것입니다.

현대인들은 유례없는 경제적 풍요를 누리고 있습니다.

절대적 빈곤과 경제적 격차가 여전히 난제로 남아있지만, 전체적으로 보아 인류는 그 어느 때보다 부유해졌습니다. 경제적 여유는 여가의 확대, 평균 수명 연장을 통해 공동체 구성원의 전반적인 삶의 질을 대폭 높였습니다. 미국 '국립보건통계센터(NCHS: National Center for Health Statistics)'의 조사에 따르면 1900년 미국인의 평균 수명은 49.2세에 불과했지만, 100년 후인 1999년에는 76.7세까지 늘어납니다. 100년 동안 무려 27.5년이 증가한 셈이지요.

다음으로 경제적 성장 못지않게 중요한 변화는 현대인의 교육 수준이 과거에 비해 경이로울 정도로 높아졌다는 사실입니다. 우리의 경우 1945년 전후에 70~80%로 추정되던 문맹률이 최근에는 조사가 무의미할 수준인 1% 미만으로 낮아졌습니다. 이는 공교육 제도의 발전 덕분입니다. 서구를 필두로 대부분의 현대 국가는 성별, 신분 등과 무관하게 동등한 교육 기회를 구성원들에게 부여하려 노력 중이지요. '의무 교육' 정책이 대표적입니다.

마지막으로 경제적 풍요와 교육 수준의 향상은 민주주의의 확산으로 이어졌습니다. 사회 구성원들이 지도자를 직접 선출함으로써 공동체 운영의 최종 권한을 행사하게 된 것은 근대 이후의 일입니다. 여성의 정치 참여를 포함한 보통 선거 제도의 확대는 현대에 이르러 개인이 누리게 된 정치적 권리 신장을 단적으로 증언합니다.

여성의 투표권 인정은 통념과 달리 그리 오래된 일이 아닙니다. 뉴질랜드가 1893년 세계 최초로 여성에게 선거권을 주었고, 시민혁명을 주도했던 유럽에서도 1920년대 이후에야 여성이 선거에 참여하게 됩니다. 프랑스 여성들은 1945년이 되어서야 투표권을 갖고요. 이처럼 민주주의 정착은 교육과 경제 분야의 발전과 긴밀하게 맞물려 있습니다.

경제적 풍요, 높은 교육 수준, 민주주의 제도의 확산은 서로 상승 작용을 일으켜 최종적으로는 '개인'의 존엄성과 가치를 강조하는 결과를 낳았습니다. 개인이 자기 삶을 결정하는 주체로 등장한 것이지요. 그런데 이 모든 변화가 20세기 이후에 집중적으로 일어납니다. 과거와는 놀라울 정도로 상황이 달라졌다고 볼 수 있습니다.

이전에는 소수의 강대국이 막강한 무력을 앞세워 많은 나라를 식민지로 삼는 일이 다반사였습니다. 또 한 국가 내에서도 적은 수의 엘리트가 모든 분야에서 지배적인 위치를 누렸습니다. 링컨(Abraham Lincoln, 1809~1865)은 1863년에 노예제 철폐를 선언했지만, 이를 둘러싸고 미국은 남북으로 나뉘어 잔인한 전쟁을 치러야만 했지요.

그러나 대부분의 현대 국가는 구성원들이 자기 삶의 의미를 직접 구현하는 것을 핵심 가치로 선언합니다. 개인의 '행복 추구권'이 바로 그것이지요. 물론 선언과 현실 사이의 거리는 여전히 있습니다. 즉, 균등한 기회의 보장이 바람직한 수준까지 실현되기 위해서는 아직 갈 길이 멉니다. 그러나 개인의 자유와 평등이 공동체의 핵심 가치가 되었다는 사실은 부정하기 어렵습니다. 과거에는 이런 선언조차 없었으니, 개인의 주체성과 권리라는 측면에서 엄청난 진보가 이루어진 것이지요.

이렇게 현대 들어 개인은 자기 삶을 결정할 자유와 권리를 지닌 주체로 떠오릅니다. 하지만 변화에는 짙은 그림자도 수반됩니다. 개인의 주체성이 존중받는 것은 여러모로 긍정적입니다만, 변화의 속도와 폭으로 인해 개인의 불안과 스트레스 역시 우려스러울 정도로 증가했습니다. 선택의 권리와 자유가 커졌지만, 이로 인한 심리적 압박감은 물론 선택의 결과 역시 개인이 전적으로 부담해야 하기 때문입니다.

개인의 책임은 그야말로 압도적이어서 실존주의적 심리학을 주창한 에리히 프롬(Erich Fromm, 1900~1980)은 '자유로부터의 도피'라는 개념을 만들어 냈습니다. 자유를 감당할 수 없는 개인이 타인에게 자신의 자유를 양도하는 현상이 나타난 것입니다. 개인의 자유와 권리가 본격적으로 인정된 20세기 중반 유럽에서 등장한 나치즘, 파시즘과 같은 전체주의적 정치 체제가 그 사례입니다. 비슷한 맥락에서 근본주의적 종교

운동 역시 이 시기 전후로 본격화됩니다.

종교 역시 현대 사회의 변화가 초래한 영향을 전면적으로 받고 있습니다. 무엇보다 종교 전통은 과거와 현저하게 위상이 달라진 '개인'을 마주해야 합니다. 민주주의의 확산이 가져온 개인의 권리 의식 향상은 권위에 대한 개인의 태도를 변화시켰습니다. 높아진 교육 수준과 경제적 여유도 개인이 한층 더 자신의 권리에 예민하게 반응하도록 만들었습니다.

나아가 경제적 풍요로 인해 절대적 빈곤에서 벗어나는 일은 현대인에게 더 이상 삶의 주된 목표가 아닙니다. 잘 교육받고 경제적으로도 안정된 개인은 자기 삶의 의미를 직접 찾고 이를 구현하려고 합니다. 사회가 개인의 주체성을 존중하며, 구성원들이 이를 명확하게 인식하는 상황이 인류사에서 최초로 전개되고 있는 것이지요.

그런데 오랜 시간 절대적인 권위를 행사했던 종교가 이와 같은 급격한 변화에 부응하는 일은 쉽지 않습니다. 예컨대 오래전에 쓰인 경전을 문자 그대로 해석해 타인에게 강요하는 일은 심지어 그 종교 내부에서조차 논란을 초래합니다. 단적인 사례로 남성 중심적 세계관에 따라 여성을 차별하는 가르침을 전하고 그에 따라 조직을 운영한다면, 과거와 달리 엄청난 반발을 불러올 수밖에 없습니다. 종교적 세계관의 권위와 영향력이 축소되었고, 우리의 인식 역시 현저하게 달라졌기 때문입니다.

결국 변화한 시대상을 적절하게 반영하는 경전의 해석과 종교적 신행이 절실해졌습니다. 그러나 종교 영역의 변화는 매우 더딥니다. 그 때문에 종교 비판의 목소리는 현대 들어 더욱 거세지고 있습니다.

다양한 종교 비판

종교 비판은 근대 이후에 본격화되지만, 그 이전에도 부단히 등장했습니다. 우리의 경우에는 불교의 부패와 권력 남용이 고려 시대에 심각한 사회 문제로 제기되었습니다. 그로 인해 조선이 건국된 후 불교는 큰 어려움을 겪습니다. 조선이 통치 이념으로 채택한 유교 역시 500년에 가까운 긴 세월 동안 국가 운영의 근간으로 기능했지만, 차별적인 신분 질서를 고착시키는 등 적지 않은 폐해를 낳기도 했습니다. 그래서 구한말에는 유교가 강력하게 비판받았습니다.

서구의 종교 비판 역시 오랜 역사를 지닙니다. 멀리는 철학자이자 시인이었던 크세노파네스(Xenophanes, 570~478. BCE)의 주장이 대표적입니다. 무엇보다 그는 신에게 질투와 시기와 같은 인간적인 악덕을 투사하는 의인화 시도를 비판했습니다. 만약 소나 말에게 손이 있다면 각기 그들을 닮은 모양의 신을 만들 것이라 풍자하면서요. 그의 논박은 이후에 인간이 자신의 생각과 욕망을 투사해 신을 만들지만, 이 사실을 인식하지 못한다는 종교 비판의 원조가 됩니다.

종교 비판은 근대에 이르러 본격화됩니다. 인간 이성에 대한 믿음이 커지자, 합리적 종교 비판이 한층 거세게 펼쳐진 것이지요. 프랑스의 합리주의 철학자 콩트(August Comte, 1798~1857)가 전형적입니다. 콩트는 사회가 신학적-형이상학적-실증주의적 단계로 발전하면서 신 개념을 기반으로 한 종교는 사라지고, 우리가 처한 현실을 적극적으로 수용하는 합리적인 종교가 등장할 것이라고 주장했습니다. 그는 이런 취지에서 전통적 신 개념이 아닌 인간 이성에 기반해 사회에 도움을 주는 이른바 '인류교(Religion of Humanity)'라는 종교를 제안했던 것이지요.

계몽주의 시대 이후에는 콩트의 경우처럼 인간의 이성에 기반을 두고 종교를 이해하려는 흐름이 뚜렷해집니다. 종교를 신이 아닌 인간의 이야기로 접근하면서 비판적 이성을 활용해 분석하려는 시도 역시 이 시기에 본격화되는 것이지요. 넓게 본다면 비교종교학의 종교 연구 태도 역시 계몽주의 시기에 발흥한 지성적 전통에 연원을 두고 있습니다.

포이어바흐 (Ludwig Feuerbach) ⓒWikimedia

우선 다룰 인물은 포이어바흐(Ludwig Feuerbach, 1804~1872)입니다. 독일 출신의 철학자였던 그의 기독교 비판은 마르크스(Karl Marx, 1818~1883)를 비롯해 후대의 서구 사상가들에게 지대한 영향을 끼칩니다. 무엇보다 그는 종교가 '신에(*theos*) 대한 이야기(*logos*)'인 신학(theology)이 아니라, '인간에(*anthropos*) 대한 이야기(*logos*)', 다시 말해 인류학(anthropology) 혹은 인간학이라고 강조했습니다.

신 존재는 실상 종(種)으로서 인간이 지닌 불완전함을 '투사(投射, projection)'시켜 만든 이상적 이미지들을 모아둔 것에 불과하다는 겁니다. 신 개념이 인간의 심리적 투사 과정을 거쳐 형성되었고, 여기에 기반해 종교가 등장했다는 주장입니다. 그러나 우리는 이 사실을 명확하게 인식하지 못한 채 신과 종교에서 삶의 위안과 의미를 찾습니다. 심지어 신의 심판을 두려워하면서 말입니다.

포이어바흐는 종교를 신이 아닌 인간에 관한 이야기로 반전시켰다는 점에서 서구의 종교 비판 흐름에 결정적인 전환점을 제공합니다. 종교를 인간의 일로 파악한 후 인간 소외라는 부작용에 주목했다는 점에서 프로이트와 마르크스 같은 후대의 사상가들에게 심대한 영향을 미친 것이지요.

정신분석학(psychoanalysis)의 창시자인 프로이트는 인간이 무의식과 욕망의 존재라고 강조함으로써 서구 지성사에 큰 반향을 불러일으킵니다. 그는 종교의 유래를 설명하면서 신이 심리적 투사 과정을 거쳐 형성되었다는 포이어바흐의 견해와 아주 흡사한 주장을 펼칩니다. 인간이 무의식적인 투사를 통해 신 관념을 만들고, 거기에서 위안을 얻는다는 견해입니다. 특히 가부장적 남성으로 묘사되기 쉬운 유대교, 기독교, 이슬람교의 신은 아들이 아버지에게 품는 오이디푸스 콤플렉스(Oedipus complex)를 반영해 만들어졌다고 비판합니다. 프로이트 역시 포이어바흐처럼 신의 이야기인 종교가 실제로는 인간의 심리적 사건이라고 주장함으로써, 종교 이해의 관점을 바꾼 것이지요.

종교를 '인민의 아편'이라고 비판한 마르크스 역시 이런 흐름에서 빼놓을 수 없습니다. 양귀비 열매에서 추출한 '아편(opium)'은 마취와 진통과 같이 의료용으로 활용되는 향정신성 물질입니다. 그러나 아편은 의식을 몽롱한 상태에 빠트려 현실을 직면하지 못하게 만드는 부작용을 수반합니다. 중독도 유발하고요. 그는 종교가 아편처럼 삶의 고통을 도외시하게 만든다고 보았습니다. 그 결과로 현실 개선 의지를 약화시켜 불공정한 사회 질서를 고착시킨다는 것이지요.

종교 비판은 근대 이후에도 꾸준히 이어집니다. 『만들어진 신』이라는 저서로 유명해진 생물학자 리처드 도킨스(Richard Dawkins, 1941~)가 대표적입니다. 그 역시 신이 인간에 의해 만들어졌다고 보았습니다. 신이 세계와 인간을 창조한 것이 아니라, 삶의 위안과 사회 질서 유지와 같은 목적을 위해 인간이 신을 고안했다는 겁니다. 특히 인격신 개념은 '망상(delusion)'에 불과하다고 강하게 비판합니다. 종교라는 이름으로 저질러진 숱한 폭력과 어리석은 행위를 구체적으로 열거하면서, 합리적인 사람은 종교의 신 개념을 수용하기 어렵다고 주장합니다.

크리스토퍼 히친스(Christopher E. Hitchens, 1949~2011) 역시 종교 비판으로 이름 높습니다. 저널리스트였던 그는 『신은 위대하지 않다』라는 책에서 신 개념의 모순성과 함께 종교의 이름으로 자행된 폭력과 부조리를 신랄하게 비판합니다. 종교 전통이 주장하는 것처럼 전지전능하고 무소부재한 신이 정말로 존재한다면 어떻게 그토록 불합리한 일들이 인류 역사에서 가능했는가를 물은 것이지요.

히친스의 종교 비판은 형이상학적 담론이 정당한 근거를 갖추고 있지 못하다는 데에서부터 출발해 마녀재판, 십자군 전쟁과 같은 역사적 사건에 이르기까지 대단히 폭넓게 전개됩니다. 지적 설계론과 동양 종교에 경도된 서구인의 태도에도 일침을 가합니다. 기적 등 각종 초자연적 현상에 대한 맹목적인 믿음에 대한 비판도 빼놓지 않습니다. 나아가 서구 교회가 히틀러의 나치즘에 협력한 사실도 날카롭게 지적합니다. 저널리스트 특유의 날카로움으로 종교를 전방위적으로 맹폭한 것이지요. 비판의 요지는 종교가 신이 아닌 인간의 일이라는 겁니다.

현재까지 서구에서 제기된 종교 비판의 주된 초점은 크게 두 가지로 정리될 수 있습니다. 우선 그들은 모두 종교를 인간적인 현상으로 바라보았습니다. 신 개념과 종교의 형성 원인에 대한 견해가 대표적이지요. 인간의 불완전함이 집단적으로 투사된 결과가 신 존재라고 여긴 포이에르바하, 아버지에게 품은 오이디푸스 콤플렉스의 심리적 투사가 가부장적 신이라고 본 프로이트, 종교가 인간과 사회의 존속에 도움이 되는 문화적 고안물이라는 도킨스, 상부 구조의 하나인 종교가 사회의 하부 구조인 경제적 관계의 반영물이라는 마르크스 등입니다. 즉, 그들은 신과 종교의 유래를 인간의 심리 구조나 문화적 필요성과 같은 인간적 맥락에서 설명합니다.

두 번째는 종교가 초래하는 인간 소외와 불행입니다. 그들은 종교의 발생 원인을 심리적 투사나 위안, 사회 구조의 유지, 생물학적 존속 가능성 제고와 같이 현실적인 필요성에서 찾았습니다. 인간이 종교에서 얻고자 하는 유용성에 주목한 것이지요. 그런데도 종교는 오히려 현실에서 인간을 과도하게 억압하거나 갈등을 정당화하는 기제가 되면서, 애초 목적이었던 효용조차 상실했다는 비판입니다. 인간의 이야기인 종교가 신의 이야기로 탈바꿈하는 과정에서 원래 의도했던 목적을 잃었다는 주장입니다. 일종의 소외입니다. 인간의 편익을 위해 고안된 화폐가 불행과 소외의 가장 큰 원인으로 전락한 것처럼요.

나아가 종교는 애초의 효용을 구현하는 데 실패했을 뿐만 아니라, 고통과 갈등을 더 증폭시키기까지 합니다. 종교적 교리가 인간적인 결함과 불완전함을 은폐하고 정당화하는 논리로 오용되는 현상이 전형적이지요. '성역(聖域)'이라는 단어가 '비판을 허용하지 않는다'라는 중의적인 의미를 갖는 것처럼, 종교는 오랫동안 문제를 은폐하는 기제로도 활용되었습니다. 인류사의 많은 폭력과 위선이 종교라는 외피를 두르고 비판을 모면했습니다. 또 사회적 불의를 정당화시켜 주기까지 했지요. 그래서 종교 탓에 인간들이 더 불행해졌다는 주장입니다.

앞서 살펴본 여러 비판은 종교가 인간의 행복을 표방했지만, 오히려 갈등과 긴장을 증폭시키고 종국에는 불행의 원인이 되었다는 것으로 압축됩니다. 이 과정에서 투사, 소외, 억압과 같은 다양한 심리적 기제가 작동했고요. 자비와 사랑과 같은 이상적인 덕목을 구현함으로써 개인과 공동체를 더 행복하게 만들겠다는 종교가 실제로는 갈등과 불행을 만들어 냈다는 것이 비판의 핵심입니다.

그러나 이런 강력한 비판에도 불구하고 종교를 둘러싼 상황이 나아졌다고 보기는 어렵습니다. 종교의 이름으로 저질러지는 여러 유형의 범죄도 그러하고, 종교가 일부 종교인들의 사욕을 채우는 수단으로 악용되는 사례도 드물지 않습니다. 종교는 여전히 공동체는 물론 개인 사이의 갈등을 유발하거나 증폭시키고 있는 것이지요. 다시 말해 종교의 이상적인 가르침과 우리가 목격하는 현실은 한참 거리가 있습니다. 게다가 모든 것이 근본적인 차원에서 빠르게 달라지고 있는 현대 사회에서 그 거리는 더욱 멀어지고 도드라져 보입니다. 그래서 종교의 의미와 역할에 대한 물음은 시간이 지날수록 심각하게 제기되고 있습니다.

균형 감각의 필요성

종교의 영향력과 권위는 예전과 같지 않습니다. 종교는 오랫동안 맡았던 지성, 윤리, 명상 분야의 역할 역시 상실하고 있습니다. 또 종교적 세계관은 더 이상 사회 운영의 근본 원리로 기능하지 못합니다. 게다가 종교는 현대 사회가 직면한 여러 현안에 대해 설득력 있는 해답을 성공적으로 제시하고 있다고 보기 어렵습니다.

이런 상황에서 근본주의적 성향의 종교와 종교인들이 세속적 세계관과의 갈등을 증폭시키고 있습니다. 종교 비판은 더욱 날카로워지고, 무종교인도 빠르게 증가하는 중입니다. 종교에 아예 무관심한 집단이 등장했다는 사실은 종교가 마주한 위기를 단적으로 증언합니다. 만약 이런 경향이 앞으로도 지속된다면, 종교라 불리던 현상이 아예 사라질 수도 있을까요?

이 물음을 다룰 때 반드시 염두에 두어야 할 통계가 하나 있습니다. 앞서 인용한 2015년 퓨 리서치의 다른 조사 항목에 따르면 전 세계 인구 중에서 종교인은 84%입니다. 여전히 높은 비율입니다. 그런데 자신이 무종교인이라고 밝힌 16%에는 무신론자가 아닌 사람들도 있으니, 종교적 세계관을 가진 이들은 당연히 84%를 상회합니다. 정확한 수치는 알 수 없지만, 종교와 종교적 세계관을 받아들이는 비율이 생각보다 높은 것이지요. 이 결과는 세속화와 탈종교 현상을 필두로 종교에 대한 부정적인 인식이 그 어느 때보다 높아진 상황을 고려할 때 뜻밖입니다.

여기에 덧붙여 종교의 끈질긴 생명력은 다른 방식으로도 확인됩니다. 인간이 만든 조직 중에서 가장 오래 지속되고 있는 것은 무엇일까요? 그 답은 종교 조직입니다. 예수나 붓다를 직접 본 사람은 오늘날 아무도 없지만, 수천 년이 지난 현재에도 두 종교 창시자의 가르침을 삶의 귀감으로 삼는 이들은 헤아릴 수 없을 정도로 많습니다. 그들의 가르침을 전하는 교회와 사찰은 수천 년 동안 존속해 왔고, 앞으로도 유지될 가능성이 큽니다.

이런 사실을 고려한다면 종교의 부정적인 모습과 그에

대한 강력한 비판에도 불구하고, 종교가 조만간 결정적인 위기를 맞을 것 같지는 않습니다. 무종교인이 빠르게 증가하는 것은 분명하지만, 여전히 대다수는 유물론적 세계관을 수용하기를 주저하고 있으니까요.

그 이유가 무엇일까요? 종교 비판자들이 주장하는 것처럼 인간이 나약해서일까요? 달리 말해 인간이 종교라는 위안 없이는 살아갈 수 없는 존재여서일까요? 종교인과 종교적 세계관을 가진 이들이 84%를 넘는 현상을 이해하기 위해서는 종교가 주는 위안을 선입견 없이 꼼꼼하게 되짚어 볼 필요가 있습니다. 특히 앞에서 다룬 다양한 종교 비판이 지닌 설득력과 타당성에 균형을 잡는다는 차원에서, 종교의 위안을 있는 그대로 살펴볼 필요가 큽니다. 강력한 종교 비판과 무종교인의 증가 현상만 보면, 종교가 당장 없어져도 이상하지 않을 것처럼 느껴지니까요.

동시에 종교의 위안을 검토하는 일은 종교의 미래를 가늠하는 데에도 긴요합니다. 종교가 어떤 식으로든 위안을 제공할 수 있다면, 미래에도 존속할 가능성이 커지니 말입니다. 즉, 종교 비판의 타당성과 설득력에도 불구하고, 전체적인 관점에서 균형을 확보하기 위해서는 종교가 주는 위안을 고려해야 한다는 의미입니다.

종교 비판에 과도하게 몰입하면, 자칫 종교 본연의 의미나 가치를 간과할 위험이 있습니다. 비판의 과정에서 종교를 갖거나 종교적 세계관을 지닌 이들의 입장이나 의견을 충분히 고려하지 않을 수도 있고요. 또 종교를 믿는 사람들의 합리성과 판단 능력을 무시하기도 쉽습니다. 종교인들을 심리적 위안이 없으면 살아가기 어렵거나, 사리 판단을 못하는 사람들로 간주한다는 겁니다. 그러니 종교를 무의식적 투사나 초자연적인 세계에 대한 비합리적 믿음 체계에 불과하다고 곧장 결론 내리지 말고, 비판적 이성을 십분 활용해 종교 현상에 접근하자는 제안입니다.

비교종교학은 종교가 생각보다 훨씬 더 복합적인 현상이라는 사실을 발견했습니다. 일단 종교는 경전, 의례, 조직, 체험, 신화와 상징과 같은 다양한 요소로 이루어져 있습니다. 그리고 일반적인 통념과 달리 어느 종교이든 하나의 단일한 실체라 보기 어렵습니다. 한 종교 전통 내부에서조차 매우 다른 입장이 존재하니까요. 다시 말해 종교를 이해하는 일은 그리 단순명료하지 않습니다. 그래서 우선은 선입견과 편견 없이 '있는 그대로' 살피려는 자세가 꼭 필요합니다.

물론 이런 태도가 '종교학이 절대적으로 중립적이다'라는 뜻으로 받아들여져서는 곤란합니다. 근대 이후 서구에서 시작된 종교학은 초기에 기독교의 우월성을 확인하겠다는 호교론적인 목적을 강하게 띠기도 했습니다. 그러다가 우여곡절 끝에 객관적인 거리 감각을 찾아냅니다. 신학적 동기로부터 자유를 간신히 확보한 것이지요. 복잡다단한 현상인 종교를 섣불리 예단하지 않고, 최대한 신중하고 객관적으로 연구하는 학문으로 어렵게 자리를 잡았다는 뜻입니다.

한때 수녀였다가 환속한 카렌 암스트롱(Karen Armstrong, 1944~)은 비교종교학자이자 신학자입니다. 그녀는 자신의 책 『신을 위한 변론』에서 종교를 어떻게 균형 잡힌 방식으로 이해할 수 있는지를 다룹니다. 그녀의 주된 주장은 다음과 같습니다. 종교 비판은 종교라는 이름으로 행해지는 여러 가지 불합리하고 폭력적인 현상들에 대한 자연스러운 반응입니다. 그런데 만약 우리가 비판하는 종교가 종교의 전모가 아니고, 또 종교의 참된 모습이 아니라면 어떻게 될지를 묻습니다. 즉, 종교 비판자들이 '참된' 종교가 아닌 '허수아비'를 만들어 공격하는 오류(straw man fallacy)를 범하고 있다는 주장입니다.

물론 '참된'이라는 단어는 위험할 수 있습니다. 이 개념을 누가, 그리고 어떤 의도로 사용하느냐에 따라 또 다른 방식의 폭력이 되기 때문입니다. 모든 정통은 한 때 이단이었다는 말도 있으니까요. 이 문제를 단순하게 정리하자면 참된 종교를 종교 창시자들의 주장처럼 '타인에게 더 많은 자비와 사랑을 베풀어서 모두를 더 행복하게 만드는 종교' 정도로 정의하자는 겁니다. 암스트롱에 따르면 종교 비판자들은 이런 의미를 구현하지 못하거나 혹은 여기에 반하는 종교를 종교의 전모로 여긴다는 겁니다.

암스트롱의 견해가 시사하는 것처럼 종교의 부정적인 측면은 인간의 문제일 가능성이 큽니다. 종교의 가르침은 교리와 같은 추상적인 담론의 영역이고, 종교는 인간의 삶을 통해 구체적으로 표현될 때 인식되기 마련입니다. 게다가 이상과 현실 즉, 종교의 이상적인 선언과 우리의 실천이 일치하는 일은 불가능에 가깝습니다.

어쩌면 종교는 양자가 일치하는 사건을 처음부터 예외적이라고 생각하는지도 모릅니다. 다시 말해 매우 드문 탓에 종교 창시자의 삶이 그토록 귀하게 여겨지는 것이지요. 이상적인 가르침을 실천하는 것이 참으로 어렵기에 예수와 붓다의 삶이 더욱 경이롭다는 뜻입니다. 그래서 우리의 끈질긴 노력이 요청됩니다. 이상과 현실의 불일치를 문제로 여기기보다는 거리를 없애려는 치열한 노력이 더 중요하다는 겁니다. 결코 쉬운 일은 아니겠지만, 종교 창시자들은 그 가능성을 실제로 보여주었으니까요.

요컨대 이상적인 가르침의 선언이 아니라, 우리 삶에서 그것을 얼마나 실천했는지가 관건입니다. 그런데도 교리와 같은 담론의 차원에서 종교의 옳고 그름을 판단하려는 태도는 문제를 야기합니다. 이는 개인의 삶과 무관하게 이상적인 종교의 교리만으로 종교의 가치를 판단하겠다는 것과 다를 바가 없습니다. 만약 예수와 붓다가 숭고한 가르침을 전했지만, 그대로 살지 않았더라면 우리가 아는 기독교와 불교는 없었겠지요. 그러니 이상적인 가르침이 아니라 그걸 개개인이 삶에서 얼마나 실천하는가가 종교의 최종 판단 기준이 되어야 합니다.

이런 관점에서 암스트롱은 참된 종교의 여부를 개인의 행동에서 확인하려 시도합니다. 특히 종교적 믿음이 깊어질수록 자신의 무지를 더 자각하게 되므로, 확신의 태도는 나타나기 어렵다고 보았습니다. 자기 종교는 물론 다른 종교의 가르침에 대해서 유연하고 열린 태도가 등장한다는 것이지요. 이것이 곧 겸손입니다. 참된 종교에 가까워질수록 침묵을 중시하는 이유가 여기에 있습니다. 신의 존재를 포함해 자기 종교 교리의 옳음을 단언하기 보다는 겸허한 침묵을 더 선호한다는 겁니다. 겸허한 침묵은 무지가 아닌 성숙의 증거입니다. 암스트롱의 지적처럼 '내 종교만이 옳다'라는 단언과 확신은 균형을 잃은 태도일 가능성이 큽니다. 겸손함과 유연함이 없기 때문에 참된 종교인의 행동으로 보기 어렵다는 뜻입니다. 게다가 확신은 단호한 행동을 불러오기 십상입니다.

이 대목에서 주목해야 할 점이 하나 있습니다. 아이러니하게도 확신에 찬 종교 비판 역시 비슷한 오류에 빠지기 쉽다는 겁니다. 다시 말해 종교가 허위이자 심리적 투사에 불과하다는 단언 역시 태도라는 측면에서는 종교적 독선과 크게 다르지 않습니다.

종교가 오랜 세월 우리와 함께해 왔고, 오늘날에도 많은 이들에게 다양한 방식으로 도움을 주고 있다는 사실을 간과해서는 곤란합니다. 또 의례를 포함해 여러 요소로 구성된 종교를 단일한 차원으로 환원해 전적으로 설명할 수 있다고 주장하는 것 역시 신중해야 합니다. 이는 영어 표현을 빌리자면 '설명하면서 내버리는(explain away)' 태도입니다. 즉, '종교란 이런 것이다'라는 확신하는 일은 '단언(斷言)'이라는 측면에서 내 종교만이 진리라는 주장과 비슷합니다. '칼로 자르듯(斷) 말하기에는(言)' 종교도 그렇고 우리 삶도 그렇게 단순명료하지 않습니다.

암스트롱의 접근 방식은 독일 신학자 슐라이어마허(Friedrich Schleiermacher, 1768~1834)가 취했던 태도와 흡사합니다. 슐라이어마허는 당대의 교양 있는 지성인들이 종교를 경멸하는 것을 보고 안타까움을 느낍니다. 비판적 시각에서 보면 종교 경전의 내용과 종교인들의 언행에 동의하기 어려운 측면이 많다는 점은 분명합니다. 일부 종교인들은 경전의 해석을 독점하면서 유연하거나 합리적인 해석 시도를 막기도 했으니까요. 그러니 비판적인 이성을 갖춘 이들의 조롱과 경멸을 피

슐라이어마허 (Friedrich Schleiermacher) ⓒWikimedia

하기 어려웠습니다.

하지만 지성인들의 종교 비판에 슐라이어마허 역시 '허수아비'의 논리로 대응합니다. 애초에 비판의 대상이 잘못 설정되었다는 것이지요. 그는 진정한 종교란 비합리적 교리에 대한 맹목적이고 독선적인 믿음이 아니라, 개인이 궁극적 실재와 맺는 정서적, 인지적 경험이라고 보았습니다. 그는 이를 '절대 의존의 감정'이라고 표현하면서, 종교의 핵심적인 요소를 개인의 종교 체험, 특히 신비주의에서 찾았습니다. 요약하자면 교양 있는 지성인들에게 그릇된 종교를 종교의 전모로 여겨 경멸하지 말고, 참된 의미의 종교에 주목해 달라고 요청한 겁니다.

슐라이어마허의 입장을 충실하게 계승해 발전시킨 인물이 앞서 종교 정의를 다루면서 언급했던 윌리엄 제임스입니다. 제임스 역시 종교의 핵심은 교리, 조직, 의례와 같은 요소가 아니라, 개인이 눈에 보이지 않는 실재와 맺는 체험과 정서라고 역설했습니다. 나아가 제임스는 종교의 실질적인 효과에 주목하자고 주장합니다. 우리 삶을 개선하는 종교의 실용적인 측면을 강조한 것이지요. 성경의 표현대로 뿌리가 아닌 열매가 중요하다는 겁니다. 종교의 핵심은 교리의 이상적인 선언이 아니라, 그 가르침에 따라 자신과 타인을 행복하게 만드는 개인의 실천에 있다는 견해입니다.

슐라이어마허를 필두로 제임스와 암스트롱으로 이어지는 흐름은 두 가지 대목에서 종교를 달리 파악하도록 우리에게 요청합니다.

첫째는 종교가 주는 실제적인 효과입니다. 둘째로는 보이지 않는 세계와 맺는 개인적인 체험입니다. 이 두 가지 측면을 고려할 경우, 종교를 불변의 이상적인 교리나 믿음 체계로만 간주하기 어렵습니다. 심지어 동일한 종교 전통 내에서도 개인이 보이지 않는 차원과 어떤 관계를 맺고, 자신의 삶을 어떻게 꾸리는가는 매우 다르기 마련입니다.

교리 차원에서는 옳고 그름의 판단이 가능한 것처럼 보이겠지만, 개인이 종교에서 어떤 유용성과 의미를 찾을지는 다양할 수밖에 없습니다. 심지어 같은 사람에게조차 종교의 의미와 가치는 시간이 지나면서 달라집니다. 즉, 종교는 받아들이는 사람들의 삶에 실질적인 영향을 개별적으로 미치며, 이 과정에서 긍정적으로도 혹은 부정적으로도 작용합니다. 우리 삶을 행복하게도 혹은 불행하게도 만드는 것이지요. 결국 참된 종교인가를 판별하는 기준은 종교의 이상적 가르침이 아니라, 그것을 해석하고 실천하는 개인입니다. 특히 개인의 삶에 미치는 실질적인 결과입니다.

종교의 부정적인 측면은 마땅히 비판받아야 합니다만, 그것을 종교의 전모로 보기는 어렵습니다. 더구나 교리의 특정한 해석과 신행 방식을 확신하는 태도를 종교의 전체로 간주해서는 곤란합니다. 숱한 비판을 받아왔음에도 불구하고 종교와 종교적 세계관을 가진 이들이 여전히 많다면, 그 이유를 꼼꼼하게 살펴볼 필요가 있지 않을까요? 종교가 우리에게 주는 위안이라는 관점에서 말입니다.

붓다와 예수가 보여준 숭고한 삶의
모습은 종교가 우리 모두를 행복하게
만드는 지혜라는 사실을 증언한다.

3장

종교의 위안과 엑스터시

종교의 부정적인 모습과 이로 인한 강력한 비판에도 불구하고, 종교는 오랫동안 우리와 함께했습니다. 종교가 가진 고유한 위안 때문입니다. 무엇보다 종교는 우리가 필연적으로 묻게 되는 삶과 죽음의 의미를 제시합니다. 또 우리가 시공의 차원을 넘어선 더 큰 무엇의 일부라는 가르침 역시 전하지요. 끝으로 종교는 우리가 어떻게 살아야 하는지를 알려주는 윤리적 규범의 원천으로도 기능합니다.

한편 세계관의 핵심은 '보이지 않는 차원이 실재한다'라는 형이상학적 존재론입니다. 그런데 보이지 않는 실재라는 종교의 근본 전제가 심리적 위안을 주려는 지적 고안물이 아니라 실제 체험으로 뒷받침된다는 주장이 있습니다. '임사 체험'과 '엑스터시'가 그것입니다. 특히 시공의 맥락을 넘어서도록 만드는 엑스터시의 체험은 신비주의와 연결되는데, 뜻밖에도 그 단초는 서양 철학의 시조라 일컬어지는 플라톤에게서 발견됩니다.

종교의 세 가지 위안

종교가 주는 위안을 본격적으로 살펴볼까요. 종교는 다른 분야가 대체하기 어려운 위안을 우리에게 줍니다. 크게 세 가지를 지적할 수 있습니다. '궁극적 의문에 대한 해답, 더 큰 차원과의 연결, 윤리적 실천의 근거 제시'입니다. 이런 위안은 수행 전통으로서 종교가 갖는 세 측면인 지성적 수행, 명상 수행, 윤리적 수행과도 각각 연결된다고 볼 수 있습니다.

첫째, 궁극적 의문에 대한 해답을 제시한다.

종교는 삶의 궁극적 의문에 해답을 주려 합니다. 모든 종교는 삶과 죽음, 그리고 죽음 이후의 차원을 다루고 있습니다. 우리는 필연적으로 죽음을 마주한다는 점에서 평등합니다. 특히 인간처럼 자신과 타인의 죽음을 예민하게 인식하는 존재도 드뭅니다. 인간은 소중한 가족이나 지인의 죽음 앞에서 죽음이란 도대체 무엇이고, 사후에는 어떤 일이 벌어지는지 더더욱 묻게 됩니다. 또 죽음의 의미를 궁구하는 과정에서 역설적으로 삶의 의미 역시 분명하게 인식합니다.

최근 많은 이들이 병원에서 임종을 맞지만, 현대 의학은 죽음 이후의 문제를 언급하지 않습니다. 의학은 죽음의 순간을 늦추려 최선을 다할 뿐입니다. 반면 종교는 죽음과 죽음 이후를 다루면서, 죽음이 끝이 아니라고 주장합니다. 보이지 않는 세계나 차원이 존재하므로 죽은 다음에도 다른 형태의 삶이 이어진다는 것이지요. 육체적 죽음 이후에도 우리의 정체성을 유지하는 실체, 즉 종교 전통에 따라 달리 부르는 영혼, 혼백 등이 있다는 겁니다. 유교 역시 고인이 된 조상에게 드리는 제사에서 확인되듯이 죽음 이후의 실체를 수용합니다.

죽음과 사후 세계의 설명은 종교에 따라 차이가 있습니다. 불교를 비롯한 많은 종교는 우리가 거듭 육체로 태어난다는 '윤회(輪回, re-incarnation)'를 받아들입니다. 윤회론은 육체적 죽음이 존재의 끝이라는 유물론에 대조되는 종교적 세계관의 전형입니다. 이를 수용하는 사람들은 죽음을 덜 두려워할 가능성이 큽니다. 연극의 배우처럼 지상의 삶이 여러 차례 반복된다고 믿을 테니까요. 또 이 관점에 서면 죽음은 물론 현실의 삶을 덜 심각하게 생각할 개연성이 있습니다.

반면 기독교나 이슬람교는 지상의 삶이 일회적이라고 주장합니다. 우리의 영혼은 죽음 후에 심판을 받고, 그 결과에 따라 영원히 머무르게 될 저쪽 세상의 모습이 결정된다는 것이지요. 이렇게 보면 기독교나 이슬람교는 윤회론을 받아들이는 종교보다 죽음을 더 심각하게 여길 가능성이 있습니다. 한 번의 심판으로 모든 것이 결정되니까요. 이런 차이에도 불구하고 모든 종교는 삶과 죽음의 문제에 대해 나름의 확고한 해답을 제시합니다. 무엇보다 육체적 죽음이 종말이 아니라고 강조하는 점에서 공통적이지요.

'의미치료'로 번역되는 '로고테라피(logotherapy)'를 창안한 빅터 프랭클(Viktor Frankl, 1905~1997)은 오스트리아 출신의 정신분석가였습니다. 유대인인 그는 2차 세계 대전 중에 악명 높은 나치의 수용소에 끌려갔고, 아내와 가족 대부분을 잃습니다. 천신만고 끝에 살아남은 그는 미국으로 이주합니다. 그리고 자기 경험을 바탕으로 우리 삶에서 가장 중요한 요소가 '의미'라고 역설합니다. 이런 관점에서 프랭클은 심리치료가 삶의 의미를 상실한 이들에게 그것을 되찾아주는 작업이라고 주장했습니다. 수용소라는 극한 상황에서도 확고한 삶의 의미를 지닌 이들이 자신과 타인의 죽음을 의연하게 받아들이는 현상을 직접 본 것입니다. 또 그 의미가 종교적 차원과 연결될 때 더 강력해지더라는 겁니다.

이처럼 종교는 삶과 죽음이라는 궁극적 질문에 대한 해답을 제시합니다. 그 내용이 무엇이건 간에 삶과 죽음의 분명한 의미를 지닌 경우가 죽음은 물론 삶의 여러 가지 난관에 더 잘 대처할 가능성이 큽니다. 예컨대 윤회론을 진심으로 받아들이는 사람이 그렇지 않은 경우보다 삶과 죽음을 조금이라도 초연하게 받아들일 수 있다는 것이지요. 종교 전통에 따른 차이와 개인이 수용하는 정도가 다르더라도 말입니다.

그러나 윤회론을 비롯해 삶과 죽음의 의미, 그리고 사후세계의 모습이 종교가 가르치는 대로인지는 확인할 수 없습니다. 또 어느 종교의 교리가 더 진실에 부합하는가를 검증할 방법도 없습니다. 신 존재를 포함해 종교적 교리의 많은 부분이 형이상학적 담론이기 때문입니다. 그렇지만 종교적 세계관을 진실로 받아들이는 이들에게 종교가 강력한 위안을 주는 것만큼은 분명합니다. 특히 죽음이라는 필연적인 사건을 두려워하지 않도록 돕는다는 점에서요. 이러한 위안은 종교 고유의 역할로서 문화의 다른 영역이 대체하기 어렵습니다.

종교적 세계관이 제시하는 삶과 죽음의 의미, 우주와 인간 존재에 대한 체계적인 설명은 경전을 비롯한 여러 문헌을 통해 공유되고 전승된다는 점에서 지적인 이해와 주로 연결됩니다. 그러니 종교의 세 가지 수행 중에서 지성적 수행과 밀접합니다.

둘째, 더 큰 차원과 우리를 연결한다.

종교는 눈에 보이는 세계를 존재의 전체라고 생각하지 않습니다. 또 인간이 육체 이상의 존재라고 강조합니다. 보이지 않는 차원이나 실재와 연결되어 있다는 점에서 인간은 '더 큰 무엇'의 일부라는 것이지요. 그러니 우리는 자연에서 출발해, 타인, 그리고 존재 전체로 이어지는 단계까지 자신의 정체성을 확대할 수 있습니다. 종국에는 보이는 차원과 보이지 않는 차원을 망라합니다. 이렇게 거대한 존재의 관점에서 바라보면, 나와 모든 개체는 분리되어 있지 않습니다. 손가락이 서로 나뉜 것처럼 보이지만, 손바닥과 연결되어 하나의 큰 전체를 이루는 것처럼요.

북미 원주민들은 동물을 사냥해 먹기 전에 감사의 기도를 드립니다. 네가 죽어서 나를 살리니 감사하고, 죽어서 좋은 데로 가길 바란다고요. 인간과 짐승 모두 거대한 존재, 즉 '대령(大靈, the Great Spirit)'의 일부이므로 분리된 개체가 아니라는 태도입니다. 시애틀 추장(Chief Seattle, 1786~1866)이 했다고 전해지는 유명한 연설을 보면, 그들의 '전일적(全一的, holistic)' 사고방식을 엿볼 수 있습니다.

우리는 우리의 땅을 사겠다는 당신들의 제안에 대해 심사숙고할 것이다. 하지만 나의 부족은 물을 것이다. 얼굴 흰 추장이 사고자 하는 것이 무엇인가를. 그것은 우리로서는 무척 이해하기 힘든 것이다. 우리가 어떻게 공기를 사고팔 수 있단 말인가? 대지의 따뜻함을 어떻게 사고판단 말인가? 우리로서는 상상하기 어려운 일이다. 부드러운 공기와 재잘거리는 시냇물을 우리가 어떻게 소유할 수 있으며, 또한 소유하지도 않은 것을 어떻게 사고팔 수 있단 말인가? 햇살 속에 반짝이는 소나무들, 모래사장, 검은 숲에 걸려 있는 안개, 눈길 닿는 모든 곳, 잉잉대는 꿀벌 한 마리까지도 우리의 기억과 가슴속에서는 모두가 신성한 것들이다. 나무에서 솟아오르는 수액은 우리 얼굴 붉은 사람들의 기억 속에 고스란히 살아 있다. 우리는 대지의 일부분이며, 대지는 우리의 일부분이다. 들꽃은 우리의 누이이고, 순록과 말과 독수리는 우리의 형제다. 강의 물결과 초원에 핀 꽃들의 수액, 조랑말의 땀과 인간의 땀은 모두 하나다. 모두가 같은 부족, 우리의 부족이다.

- 『나는 왜 너가 아니고 나인가』, 더숲

동학의 제2대 교주 해월 최시형(崔時亨, 1827~1898)도 비슷한 내용을 가르쳤습니다. '이천식천(以天食天)'이라는 하늘이 하늘을 먹는다는 수수께끼 같은 표현입니다. 지상의 모든 것이 궁극 존재인 '한울님(天主)'의 일부이니, 먹는 주체나 먹히는 대상 모두 한울님이라는 겁니다.

다시 말해 내가 무얼 먹든지 한울님을 먹는 것이므로, 당연히 감사해야 한다는 가르침입니다. 시애틀 추장의 이야기와 아주 흡사합니다. 만약 우리가 이런 세계관을 진심으로 받아들인다면, 다른 동물들을 함부로 죽이거나 자연을 훼손하는 일은 쉽지 않겠지요. 이 태도가 확장되면 현대적 의미의 생태 사상으로 이어질 수 있습니다.

더 큰 차원과의 전일성을 강조하는 가르침은 자연의 동식물을 존중하라는 요청에서 멈추지 않습니다. 인간 역시 고귀한 존재이므로 자연스럽게 공경의 대상에 포함됩니다. 종교 창시자들은 지식, 재산, 직업, 성별, 나이 때문에 타인을 차별하지 말라고 강조했습니다. 예수는 우리가 모두 사랑받아야 할 신의 아들, 딸들이라 가르쳤습니다. 심지어 원수도 사랑하라고 역설했지요. 고타마 싯다르타 역시 모든 존재는 붓다가 될 씨앗인 '불성(佛性)'을 갖춘 귀한 존재라고 강조했습니니다. 그러니 서로를 자비와 연민으로 대하라고 가르쳤지요.

종교는 모든 존재가 더 큰 차원과 연결되어 있으므로, 나를 포함한 일체의 존재가 존귀하다고 주장합니다. 존재론적 전일성이라는 맥락에서 상호 존중의 당위성을 강조하는 것입니다. 그 점에서 서로의 이익을 보장하기 위해 공동체가 만들어졌으므로, 상호 부조의 관점에서 사회적 규율을 지키라는 근대적인 '사회 계약론'과는 사뭇 다른 입장을 취합니다. 즉, 종교는 '보이지 않는 차원과 연결되어 있다'라는 믿음에 기반해 자연 및 타자의 존귀함을 역설합니다.

나아가 종교는 더 큰 차원과의 연결이 교리와 같은 지적인 담론을 통해서만 확인된다고 주장하지 않습니다. 종교는 개인이 존재론적 전일성을 직접 인식하는 방법을 체계적으로 발전시켜 전승해 왔습니다. 기도나 명상과 같은 수행법이 그것입니다. 우리가 타인, 자연, 보이지 않는 차원과 연결되어 거대한 하나가 된다는 사실을 체험으로 알 수 있다는 것이지요. 예컨대 신 안에서 모두가 형제자매라는 기독교의 가르침이, 기도라는 수행과 신의 은총이 결합함으로써 개인에게 체득된다는 주장입니다. 그래서 종교가 강조하는 더 큰 무엇과의 통합은 명상 수행과 직접 연결됩니다.

한편 존재론적 전일성은 공동체 구성원에게 소속감은 물론 큰 위안과 안정감을 부여합니다. 정서적 측면에서도 중요한 역할을 하는 것이지요. 가족과 지역 공동체가 해체되고 개인주의가 강력해진 현대에 우리는 그 어느 때보다 외로워졌습니다. 이런 상황에서 종교가 주는 심리적 위안은 현대인들이 종교에 끌리는 강력한 동기가 되기도 합니다. 오래된 종교 전통은 물론 최근의 신종교들도 신도의 정서적 연대와 소속감을 제고하는 일에 큰 노력을 기울입니다. 신도들의 소모임을 적극적으로 조직해 운영하려는 시도가 대표적이지요. 고독해진 현대인들을 종교가 더욱 활발하게 위로하겠다는 움직임입니다.

더 큰 차원과의 존재론적 연결성은 자연스럽게 공동체 의식으로 발전해 나갑니다. 또 공동체 의식은 다음에서 언급할 것처럼 윤리적 측면으로 이어집니다. 우리가 분리된 개체가 아니라 더 큰 차원에서 존재론적으로 연결되어 있다면, 서로를 존중하고 사랑하는 행동은 당연한 귀결입니다. 이처럼 종교의 윤리적 덕목 근저에는 존재론적 전일성이 굳건하게 자리하고 있는 것이지요.

셋째, 윤리적 실천을 강조한다.

종교는 삶의 궁극적 의문에 해답을 제시하고, 더 큰 차원과의 연결성을 인식하라고 요청하는 데에서 멈추지 않습니다. 종교는 이 가르침을 실천하라고 강조합니다. 예수와 붓다가 보여준 숭고한 삶의 모습은 생생한 귀감입니다. 종교 전통의 성인과 선각자들 역시 그 가르침이 어떻게 실천될 수 있는지를 거듭 증언합니다. 종교적 이상이 선언에 불과한 것이 아니라, 삶에서 구현될 수 있음을 확인시켜 준 것이지요.

예수는 타인을 사랑하고 그들을 위해 희생하는 삶의 아름다움을 보여주었습니다. 사랑으로 가득한 예수의 생애는 당대인들에게 깊은 감동을 주었고, 우리를 그렇게 살도록 추동합니다. 중세 가톨릭 수사 토마스 아켐피스(Thomas à Kempis, 1380~1471)가 남긴 『예수를 본받아』라는 책은 이 사실을 또렷이 보여 줍니다. 또 붓다가 보여준 진리에 대한 열망과 지혜는 삶에서 직접 실천되었기 때문에 수천 년이 지난 오늘에도 큰 울림을 줍니다. 우리의 욕망을 있는 그대로 인식하는 지혜와 그 어떤 것에도 휘둘리지 않는 평정심을 함께 강조했던 붓다의 삶은 여전히 경이로움을 자아냅니다.

동학의 창시자 수운 최제우(崔濟愚, 1824~1864) 역시 윤리적 실천을 강조한 대표적인 종교가입니다. 수운은 우리가 모두 내면에 한울님을 모시고 있는 귀한 존재이므로, 타인을 하늘처럼 섬기라는 '사인여천(事人如天)'의 가르침을 전했습니다. 그가 직접 만난 한울님 역시 우리가 서로를 한울님 대하듯 공경하기를 원했다고 강조하면서요. 수운의 가르침은 미사여구에 그치지 않았습니다. 그는 종교적 깨달음을 얻은 후 자

수운 최제우(水雲 崔濟愚)

신을 뒷바라지한 처에게 절을 올리고, 여종 두 사람을 면천(免賤)시켜 수양딸과 며느리로 삼았습니다. 엄격한 신분 질서와 여성 차별이 당연하던 시절에 상상하기 힘든 파격이었지요.

이처럼 종교사에는 창시자는 물론 그들의 가르침에 근거해 비범한 삶을 살았던 많은 이들이 존재합니다. 그런 사례들은 예수와 붓다와 같은 종교 창시자의 말씀이 실현될 수 없는 이상적 선언이나 듣기 좋은 공염불이 아니라, 우리를 행복하게 만드는 실천적인 지혜라는 사실을 보여주었습니다. 동시에 그 일이 결코 쉽지 않더라도, 끈기있게 노력해 실천할 것을 부단히 요청합니다.

사랑이 없으면 기적은 물론 인간의 모든 행동이 덧없다는 『고린도 전서(前書)』의 말씀이 대표적입니다. 사도 바울은 편지에서 "내가 예언하는 능력을 가지고 있을지라도, 또 모든 비밀과 모든 지식을 가지고 있을지라도, 또 산을 옮길 만한 모든 믿음을 가지고 있을지라도, 사랑이 없으면 아무것도 아닙니다"라고 분명하게 선언하지요.

수운 최제우 역시 한울님의 가르침인 '천도(天道)'를 모든 종교가 소유하고 있지만, 이를 실천하는 일이 더 중요하다고 역설했습니다. 그래서 수운은 예수의 가르침을 가진 서구 열강이 무력으로 동양을 침탈하고, 점령지에 교회를 세우는 행동을 도무지 믿기 어렵다고 여러 차례 개탄합니다. 바울과 수운은 그들의 가르침을 현실에서 전하고 실천하다가 결국 귀중한 목숨을 잃고 맙니다.

만약 종교가 죽음의 공포를 극복하고, 불확실한 삶에서 확고한 위안을 얻기 위해 지어낸 것에 불과하다면, 종교 창시자들을 포함해 그 가르침을 직접 실천한 이들이 보여준 비범한 삶을 어떻게 이해해야 할까요? 그들은 자신들이 실천에 옮긴 종교적 가르침이 그저 심리적 위안을 목적으로 한 허구라는 사실을 짐작조차 할 수 없었던 걸까요? 아니면 그들의 놀라운 삶은 종교가 우리를 행복하게 만드는 심오한 가르침이라는 사실을 증언하는 것은 아닐까요? 종교가 지혜 전통이라고 불리는 이유를 실제로 확인시켜 준 사례 말입니다. 이런 맥락에서 이상적인 가르침을 누구보다 크게 외치지만, 실천하지 않는 것이야말로 가장 큰 '거짓 선', 즉 위선(僞善)입니다. 종교에 대한 극단적으로 상반된 평가는 바로 이 지점에서 비롯되는 것으로 보입니다.

지금까지 다룬 세 가지 위안으로 인해 여러 가지 부정적인 모습과 강력한 비판에도 불구하고, 종교는 우리 곁을 떠나지 않았습니다. 특히 종교의 가르침을 실천한 숭고한 삶은 감동과 함께 경이로움을 자아냅니다. 어떻게 그런 일이 가능한지 도무지 이해하기 어려울 정도이지요. 그들이 보여준 지혜와 의연함, 그리고 타인에 대한 헌신은 많은 이들에게 큰 위안과 영감을 주었습니다. 그래서 종교의 부정적인 모습은 단호하게 비판하되, 종교사에서 부단히 등장한 비범한 삶의 모습 역시 직시할 필요가 있습니다. 비록 그 수가 많지는 않았더라도 말입니다.

여기서 한 가지 궁금증이 자연스럽게 생깁니다. 종교의 위안에 주목하는 태도는 일견 유용성에만 집중하는 것처럼 보입니다. 종교가 우리에게 도움이 되기 때문에 의미가 있다는 입장 말이지요. 그렇다면 종교는 쓸모를 통해서만 그 가치가 인정될까요? 달리 말하자면 '종교가 주는 위안 외에 종교의 가치나 의미를 뒷받침하는 근거는 없을까'하는 질문입니다. 특히 모든 종교의 전제인 보이지 않는 차원은 그저 믿음의 대상에 불과할까요? 모든 종교가 빠짐없이 주장하는 이 사실을 확인하는 방법은 아예 없을까요?

보이지 않는 차원은?

보이지 않는 차원이나 실재가 종교의 근본 전제라면 이를 입증하는 일은 종교의 타당성을 판단하는 데에 결정적입니다. 모두를 납득시키는 방식으로 입증되었더라면, 종교적 세계관을 안 받아들일 사람이 없겠지요. 또 종교에 따라 차이가 있는 사후 세계의 묘사 역시 분명하게 검증되었을 겁니다. 그런데 입증이 어렵기 때문에 종교의 근본 전제는 계속 논란의 대상이었습니다. 종교가 무엇인가라는 질문의 답 역시 각자가 지닌 입장에 따라 다를 수밖에 없고요.

만약 사후 세계를 포함해 보이지 않는 차원이 믿음의 대상에 지나지 않는다면, 종교는 허구라는 비판을 피할 수 없습니다. 예컨대 '코끼리가 있다'라는 주장은 코끼리의 존재가 어떤 방식으로든 확인되어야 참입니다. 믿는 사람에게만 보인다면 코끼리는 실재가 아니지요. 같은 맥락에서 모든 종교가 보이지 않는 차원이나 사후 세계를 주장하더라도 확인할 방법이 전혀 없다면 문제입니다. 나아가 사후 세계의 묘사가 서로 다르다면, 죽음 이후의 차원 역시 문화적 고안물로 간주될 겁니다. 과거와 달리 종교적 세계관을 모두가 받아들이는 것이 아닌 상황에서는 더더욱 그렇지요.

그런데 보이지 않는 차원이 교리나 믿음의 대상에 불과한 것이 아니라 체험으로 확인될 수 있다는 주장이 근대 이후 꾸준히 등장합니다. 윌리엄 제임스는 종교의 형성과 유지 과정에 개인의 체험이 중요하다는 사실을 강조한 인물이라고 앞서 언급했습니다. 특히 19세기에는 다양한 유형의 '초자연적인' 체험에 관한 관심이 커졌고, 이를 비판적 지성을 활용해 이해하려는 시도들이 본격적으로 모색됩니다.

대표적인 사례가 '초상현상연구회(SPR: Society for Psychical Research)'라는 이름의 단체입니다. 제임스는 미국 지부의 창립 회원이었고, 노벨상 수상자인 생리학자 샤를 리셰(Charles Richet, 1850~1935)도 회원이었을 정도로 당시 큰 인기를 끌었습니다. 제임스와 노벨문학상을 받았던 프랑스 철학자 앙리 베르그송(Henri Bergson, 1859~1941)도 이 단체의 회장을 역임한 적이 있을 정도였으니, 그저 웃어넘길 만한 종류의 모임은 아니었습니다.

단체의 취지는 초자연적 경험이나 현상을 종교적 세계관과 유물론적 세계관이라는 상반된 두 관점에서만 판단하지 말고, 최대한 비판적으로 탐구해보자는 것이었습니다. 굳이 표현하자면 종교와 비판적 지성을 통합시키려는 노력이었다고 할까요. 달리 말해 종교적인 혹은 초자연적인 현상을 비판적으로 분석해 보려는 시도였습니다. 물론 회원들 역시 보이지 않는 차원이 모두를 납득시키는 실증주의적인 방식으로 입증될 수 없음은 잘 인식하고 있었습니다. 제임스가 대표적이지요.

이런 관점에서 흥미로운 체험 한 가지를 살펴보려고 합니다. '임사 체험(臨死體驗, NDE: Near-Death Experience)' 혹은 '근사(近死) 체험'이라는 현상입니다. 임사 체험은 사후 세계를 경험했다는 주장입니다. 더 정확하게 말하자면 완전한 죽음이 아닌 '죽음에 근접한' 체험입니다. 죽음에 가까이 다가갔다는 뜻이지요. 그래서 '임사(臨死)' 혹은 '근사(近死)'라고 불립니다. 죽음 너머의 세계 저쪽을 힐끗 엿보고, 다시 이쪽 세계로 돌아왔다는 사건입니다.

이 단어는 미국에서 1970년대 무렵 등장합니다. 이 시기는 미국의 경제 성장이 본격화된 때이기도 합니다. 2차 세계대전 이후 미국 경제가 활황기를 맞으면서, 자동차가 널리 보급됩니다. 자연히 교통사고 역시 많아졌지요. 이 무렵 심폐소생술을 비롯한 의료 기술도 크게 발달합니다. 이런 요인을 포함해 여러 가지 정황이 결합하면서, 사고로 중태에 빠진 응급 환자를 살려내는 사례가 전보다 훨씬 늘어납니다.

그런데 혼수상태에서 의식을 회복한 이들 중에서 낯선 유형의 체험을 보고하는 사례가 갑자기 등장합니다. 중태에 빠져 의식을 잃은 상태에서 육체를 잠시 벗어났지만, 다시 돌아왔다는 이야기였습니다. 처음에 의사들은 사고로 인해 의식이 온전하지 않은 상태에서 나온 무의미한 소리로 여겼습니다. 그런데 성별, 나이, 지적 수준과 무관하게 보고가 늘어나니까, 진지한 관심을 기울이는 의사들이 나타납니다.

엘리자베스 퀴블러 로스(Elisabeth Kübler-Ross, 1926~2004), 레이먼드 무디(Raymond Moody, 1944~)가 대표적입니다. 그들은 기묘한 체험에 흥미를 느끼고 환자들, 동료 의사, 간호사들로부터 유사한 사례를 수집합니다. 이를 정리한 무디 박사의 책이 발간되면서 '임사 체험'이라는 용어가 미국에서 널리 알려집니다. 책이 출간된 후 미국 전역에서 유사한 경험담이 쏟아져 나왔고, 이 단어는 큰 인기를 끕니다. 같은 주제를 다룬 책들이 끊임없이 출판되었고, '임사체험연구재단(NDE Research Foundation)'이라는 단체가 전 세계의 임사 체험을 보고하는 인터넷 사이트를 따로 운영할 정도입니다. 우리나라에도 로스

박사의 책을 포함해 적지 않은 저술들이 번역되었고, 국내 학자의 책도 출판되었습니다. 임사 체험이 큰 관심의 대상이 된 것이지요.

체험자들의 보고를 종합해 보면, 공통적인 특성이 발견됩니다. 우선 임사 체험은 의도적으로 얻을 수 없습니다. 예기치 않은 사고로 갑작스럽게 발생하니까요. 설령 중태에 빠지더라도 의지에 따라 모두가 경험하는 건 아니라는 뜻입니다. 즉, 의도와 무관하게 주어집니다. 또 초기에 수집된 보고를 보면 체험자들이 서로 경험을 나눌 기회가 없었는데도, 체험의 과정이나 내용이 놀랍게도 비슷하다는 점도 흥미롭습니다.

체험의 전형적인 진행 과정은 이렇습니다. 대부분은 교통사고나 감전과 같은 돌발적인 사건으로 혼수상태에 빠집니다. 그리고 부지불식간에 몸 밖으로 나와, 자신의 육체를 포함한 외부 상황을 인식합니다. 주변 사람들은 몸을 벗어난 체험자를 알아차리지 못하고요. 이 상태에서는 벽을 통과하거나, 생각하는 장소에 곧바로 가 있는 등 시공의 제약을 받지 않는다고 보고됩니다. 체험이 진행되는 과정에서 가까운 친척을 비롯해 이미 죽었던 누군가를 만나기도 합니다. 그러다가 특정 시점에 이르면 자신의 의지와 무관하게 좁고 어두운 터널을 통과해 다른 차원으로 갑니다. 이미 고인이 된 가족이나 천사와 같은 존재들이 터널 끝에서 그들을 맞아준다고 합니다.

그러나 이 세상에서 할 일이 남았다거나, 아직 죽을 때가 아니라는 말을 들은 후 다시 육체로 돌아온다는 것이 개략적인 전개 양상입니다.

그런데 놀랍게도 이런 체험의 보고는 70년대 미국뿐만 아니라, 거의 모든 문화권에서 고금을 막론하고 등장했습니다. 플라톤은 중기 대화편인 『국가』에서 전쟁에서 목숨을 잃었다가 장례식 때 살아난 '에르(Er)'라는 젊은이의 이야기를 전합니다. 에르는 저승을 보고 온 체험담을 전하면서, 그가 되살아난 이유가 자기 경험을 사람들에게 알리라는 소임을 맡아서라고 주장합니다.

후대인들은 플라톤이 윤리적 삶을 강조하려는 목적으로 신화적 이야기를 끼워 넣었다고 생각했습니다. 사건의 진위는 물론 플라톤의 정확한 의도는 알 수 없습니다만, 에르의 경험이 현대의 임사 체험과 흡사해 보이는 것은 분명합니다. 그런데 현대의 임사 체험자들이 플라톤에게서 영향받았다고 보기는 어렵습니다. 그 책을 읽지 않은 사람들이 압도적으로 많을 테니까요.

임사 체험을 묘사한 것처럼 보이는 그림도 있습니다. 네덜란드의 화가 히에로니무스 보쉬(Hieronymus Bosch, 1450~1516)는 16세기에 〈축복받은 자의 승천(Ascent of the Blessed)〉이라는 작품을 남겼습니다. 이 그림은 천사들이 어두운 터널을 통과

히에로니무스 보쉬의
〈축복받은 자의 승천(Ascent of the Blessed)〉 ©Wikimedia

해 망자를 저승으로 안내하는 장면을 보여 줍니다. 터널 끝에는 어렴풋하지만, 흰옷을 입은 인물이 망자를 기다리고 있습니다. 임사 체험이 널리 알려지기 전에 이 장면은 당연히 화가의 주관적인 상상이라 여겨졌습니다. 그런데 임사 체험의 내용이 공유되면서 작품은 재조명됩니다. 화가의 직접적인 체험 혹은 믿을만한 주변의 체험을 듣고 그리지 않았을까 추측하게 된 것이지요. 그림의 장면이 현대의 보고와 놀랍게도 비슷하기 때문입니다.

아쉽게도 임사 체험의 사실 여부는 물론 체험자가 사후 세계를 직접 경험했는지를 확인할 방법은 없습니다. 예외적이고 주관적인 체험이기에 그렇습니다. 게다가 연구를 위해 체험을 의도적으로 재현하는 것은 불가능합니다. 그러나 이런 유형의 체험이 문화의 경계를 넘어 광범위하게 보고된다는 사실은 부인하기 어렵습니다.

종교 유무, 교육이나 지적 수준, 성별, 나이와 같은 변수와 무관하게 체험의 묘사에 일관성이 있고, 진행 과정과 특징이 유사하다는 점에서 체계적인 설명이 요청됩니다. 특히 체험자들의 다양한 삶의 배경과 함께 임사 체험이 사고로 예기치 않게 발생한다는 사실을 고려할 때, 이 모든 사례를 허구라고 단정 짓는 것은 설득력이 현저하게 떨어집니다.

한편 진실성의 입증 여부와 무관하게 체험자의 삶이 극

적으로 바뀐다는 점에도 주목할 필요가 있습니다. 무엇보다 체험자들은 그들이 사후 세계를 직접 경험했다고 굳게 믿습니다. 또 대부분은 체험 전보다 죽음을 덜 두려워하게 되었다고 토로합니다. 육체적 죽음 이후에도 여전히 자신이 존재한다고 믿게 된 것이지요. 무엇이라 이름 붙이든 간에 비육체적 실체인 자신이 있더라는 것이지요. '유체(幽滯, astral body)' 혹은 영혼이라고 불립니다만, 자기가 육체를 넘어선 존재라는 사실을 체험했다는 겁니다. 그런데 이 주장이야말로 모든 종교가 빠짐없이 강조하는 내용입니다. 우리가 죽음 이후에 육체를 벗고 저쪽 세상으로 간다는 이야기 말입니다. 이 과정이 반복되면 윤회이겠지요.

체험자들은 죽음을 덜 두려워하는 데 그치지 않고, 체험 이후에 종교적 문제에 관심을 가지게 되었다고도 보고합니다. 예전과 달리 종교적으로 변했다는 것이지요. 하지만 체험자들이 곧바로 특정 종교에 귀의하는 것은 아닙니다. 오히려 종교 전반, 특히 보이지 않는 차원에 깊은 관심이 생긴 것에 가깝습니다. 체험자 중에는 보이지 않는 차원을 탐구하는 형이상학을 공부하기도 합니다. 또 임사 체험의 의미를 여러 가지 방식으로 찾으려 시도하고, 다른 체험자들을 만나서 경험담을 나누고 싶어도 합니다. 체험의 계기와 그 경험으로 인해 삶의 모습이 현저하게 달라진 것이지요.

임사 체험이 실제로 발생한 사건인가의 여부와 이 체험이 보이지 않는 차원의 증거가 될 수 있는지는 여전히 논쟁 중입니다. 한쪽에서는 임사 체험을 사후 세계에 대한 놀라운 증거라고 간주하지만, 다른 한편에서는 중태에 빠진 체험자의 뇌가 만든 환각에 불과하다고 반박합니다. 후자는 사고로 인한 산소 결핍이 뇌의 환각을 유발했다는 입장입니다. 체험의 특징적 모습이 문화적 경계를 넘어 흡사한 것은 우리가 뇌라는 물리적 기관을 가지고 있기 때문이라는 겁니다. 그러나 임사 체험을 의도적으로 재현할 수 없을뿐더러, 주관적 경험이라는 한계가 있어 명확한 해답을 찾기란 요원합니다.

체험의 발생 이유와 과정, 그리고 정확한 의미를 규명하기 위해서는 더 많은 사례의 수집과 연구가 필요합니다. 그렇지만 내용의 유사성과 체험 이후 경험자들이 마주하는 변화를 고려한다면, 이 체험을 그저 뇌가 만든 섬망이나 체험자의 착각으로 단언해서는 곤란합니다. 그럴 경우 체험자들의 지적 수준과 진정성을 무시할 위험이 커집니다. 이유가 무엇이든 체험자들이 자신의 착각이나 주관적인 망상을 실제 경험으로 오인했다는 것이지요. 결국 체험자에게 어떤 식으로든 중요하게 여겨지는 경험을 비정상적이거나 병리적인 유형으로 단언하는 태도입니다.

덧붙이자면 임사 체험이 왜 하필 그런 방식으로 진행되

는지는 설명하기가 여전히 쉽지 않습니다. 왜 고인이 된 친지를 만나고 어두운 터널을 통과하는지, 또 체험자들이 저쪽 차원의 존재를 포함해 자신에게 실제로 일어난 사건이라고 느끼는지를 설명하기가 곤란합니다. 체험자 대부분이 이 경험을 긍정적으로 평가한다는 사실을 포함해서 말이지요. 요컨대 체험자의 착각이나 망상이라고 해석하더라도 '왜 그런 방식인가'라는 의문은 남는 것이지요. 그래서 사례 보고가 점점 늘어가는 상황에서 단정적인 결론을 내리기보다는 더 유연한 태도가 필요하다고 여겨집니다. 특히 이 체험이 대다수 체험자에게 긍정적인 변화를 일으켰다는 점에 주목하면서요.

종교의 위안을 다루면서 임사 체험을 거론한 이유는 이렇습니다. 우리 체험 중에는 아직 그 전모를 알 수 없지만, 종교의 근본 전제인 보이지 않는 차원과 연결될 수 있는 유형이 있다는 사실을 지적하고 싶어서입니다. 즉, 종교적 세계관이 개인적 체험으로 뒷받침될 가능성이 있다는 것이지요. 비록 비일상적이고 예외적인 유형의 체험일지라도 말입니다. 체험의 내용과 의미가 온전하게 규명되기 전에 종교를 심리적 위안, 유전자의 존속, 사회경제 질서의 유지를 위해 만들어진 인위적 고안물로 단언하는 일은 성급할 수 있다는 겁니다. 종교사에는 개인적 체험으로 인해 자신의 세계관은 물론 삶의 모습을 극적으로 변화시킨 경우가 드물지 않으니 말입니다. 비일상적인 체험을 착각이나 망상 등으로 결론 내리기보다는, 더 유연한 해석의 가능성을 열어두자는 것이지요.

실제로 비일상적인 체험에서 보이지 않는 차원의 근거, 즉 종교적 세계관의 타당성이 확인될 수 있다는 견해는 오랫동안 존재해 왔습니다. 임사 체험 외에도 다음에서 다룰 '엑스터시'와 '신비주의'가 그 대표적인 사례입니다. 신비주의는 '신비적 합일 체험'이라는 예외적인 인간 체험을 근거로 궁극적 실재가 존재하는 것은 물론, 우리의 삶이 그로 인해 '전변(轉變)' 할 수 있다고까지 주장해 왔으니까요.

엑스터시, 나를 벗어나는 사건

플라톤의 중기 대화편 중 하나인 『향연』은 소크라테스와 그를 흠모하는 아테네 젊은이들이 함께 술을 마시며, 에로스(Eros) 신을 찬미하는 에피소드를 다룹니다. 그들은 차례대로 각자의 생각을 피력하는데, 대화가 종반에 이르면서 에로스의 다채로운 면모가 드러납니다. 이윽고 자기 순서가 돌아오자 소크라테스는 무녀(巫女)로 추정되는 디오티마(Diotima)에게 배웠다고 밝히면서, 그가 생각하는 에로스를 자세하게 묘사합니다.

그에 따르면 에로스는 신도 인간도 아닌 영적 존재 '다이몬(Daimon)'입니다. 에로스는 풍요의 남신 '포로스(Poros)'와 빈곤의 여신 '피니아(Penia)'의 자식이지요. 에로스의 출생 과정은 흥미롭습니다. 뜻밖에도 어머니 피니아는 포로스의 음주로 인해 회임했다고 전해집니다. 빈곤을 상징하는 피니아는 자기 자식만큼은 부유해지기를 원했습니다. 그래서 평소라면 자신을 거들떠보지도 않았을 포로스를 유혹하고 싶었습니다. 호시탐탐 기회를 엿보다가 아프로디테의 생일 축하연에서 만취해 정원에 쓰러져 있던 그를 결국 덮친 것이지요.

피니아는 임신에 성공해 에로스를 출산합니다. 하지만 그녀의 의도는 안타깝게도 절반의 성공에 그칩니다. 자식인 에로스가 어머니의 가난을 벗어났지만, 아버지의 부유함을 절반만 물려받고 맙니다. 부모의 부유함과 빈곤함이 산술 평균을 내는 방식으로 자식인 에로스에게 유전된 것입니다. 에로스의 어중간함은 두 모자(母子)에게는 아쉬운 일이었겠지만, 그의 출생은 우리에게 풍부한 신화적 상징을 제공합니다.

무엇보다 에로스는 인간의 행동을 추동하는 욕망을 뜻합니다. 좋은 그 무엇을 어중간하게 소유하고 있다는 사실을 인식하게 되면, 우리는 더 많은 것을 원합니다. 예컨대 자신의 지식이 완전하지 않다는 사실을 알게 되면 더 배우려고 애씁니다. 모든 것을 아는 자는 배울 필요가 없고, 반대로 자신의 무지를 전혀 인식하지 못하는 자 역시 배우려 들지 않겠지요. 이처럼 배움의 욕망은 지식의 어중간함을 인식할 때 비로소 발생합니다.

즉, 좋은 것이 자신에게 충분하지 않다고 여길 때 우리는 더 가지려고 욕망합니다. 그 대상이 지식이든, 물질적 부이든, 혹은 아름다움이든 가리지 않고 말이지요. 이렇게 에로스는 좋은 것과 결합하려는 행동을 추동하고, 결합은 만족과 기쁨을 만들어 냅니다. 욕망의 충족이 곧 기쁨을 낳는 것이지요.

한편 에로스는 '중간자(中間者)'인 인간을 상징하기도 합니다. 플라톤이 보기에 인간은 전지전능하고 불멸하는 신적 존재가 아닙니다. 그렇다고 주어진 본능으로만 사는 동물도 아니지요. 인간은 신과 동물의 중간 어디쯤 위치합니다. 같은 맥락에서 우리는 완전한 앎과 전적인 무지 사이에 있습니다. 그래서 어중간함과 부족의 인식은 더 많이 알려는 욕망을 일으킵니다. 플라톤에 따르면 중간자인 인간은 신처럼 지혜롭고 불멸하기를 갈망합니다. 달리 말해 신과 비슷해지려는 에로스적 욕망이 우리 영혼 깊숙이 심겨 있다는 주장입니다.

중간자인 에로스는 태생적으로 좋은 것들과 결합하려 부단히 시도합니다. 플라톤은 에로스가 더 좋은 것을 찾아가는 여정을 사다리에 비유합니다. 인간의 욕망은 아름다운 이성(異性)과 육체적으로 결합하려는 데에서 출발합니다. 그리고 개별 육체를 넘어서 있는 모든 육체를 관통하는 보편적인 아름다움을 추구하게 됩니다. 그다음에는 예술과 학문 영역에서 더 추상적인 아름다움을 갈구합니다. 최종적으로는 초월적인 아름다움, 플라톤의 표현에 따르자면 '아름다움 그 자체(the beauty itself)'와 결합하기를 갈망합니다. 사다리의 꼭대기에는 아름다움 그 자체가 자리하고 있는 것이지요.

영혼이 아름다움 그 자체의 '비전(vision)'을 직관할 때 우리의 욕망은 온전하게 충족되며 최고의 희열을 얻습니다. 플라톤은 스승인 소크라테스의 입을 빌어 최종 단계에서 도달하는 비전을 자세히 설명합니다. 소크라테스는 디오티마가 이 내용 역시 그에게 가르쳐주었다고 전합니다.

> 마치 사다리를 이용하는 사람처럼 그는 하나에서부터 둘로, 둘에서부터 모든 아름다운 몸들로, 그리고 아름다운 몸들에서부터 아름다운 행실들로, 그리고 행실들에서부터 아름다운 배움들로, 그리고 그 배움들에서부터 마침내 저 배움으로, 즉 다름 아닌 저 아름다운 것 자체에 대한 배움으로 올라가게 됩니다. 그렇게 되면 마침내 그는 아름다운 바로 그것 자체를 알게 되는 거죠. 친애하는 소크라테스, 인간에게 삶이 살 가치가 있는 건, 만일 어딘가에서 그렇다고 한다면 바로 이런 삶에서일 겁니다. 아름다운 바로 그것 자체를 바라보면서 살 때 말입니다.

자크 루이 다비드의 〈소크라테스의 죽음(The Death of Socrates)〉 ©Wikimedia

– 『향연』, 211c~211d, 이제이북스

아름다운 육체와 성적으로 결합하려는 에로스의 첫걸음은 더 높고 숭고한 차원으로 '승화(昇華, sublimation)'되어야만 합니다. '숭고한(sublime) 것들'을 지향하는 행동이 곧 승화입니다. 우리가 비육체적 사랑을 '플라토닉 러브(Platonic love)'라고 부르는 이유가 여기에 있습니다.

육체적 기쁨의 추구에서 시작한 에로스는 거기에 멈추지 말고, 끊임없이 상승해 최종적으로 아름다움 그 자체와 결합해야 합니다. 소크라테스는 아름다움 그 자체의 비전이란 인간 영혼이 천상의 세계에서 보았던 '참으로 있는 것'과 같다고 역설합니다.

> 색깔도 없고 모양도 없으며 만질 수도 없는 실체가 참으로 있는 것이니, 그것은 오로지 영혼의 인도자 지성에게만 보이고 참된 인식의 부류와 짝하는데, 그런 것이 그 구역을 차지한다네. 그런데 신의 정신은 지각과 순수한 인식에 의해 영양을 얻고, 합당한 것을 받아들이려고 하는 모든 영혼의 경우에도 마찬가지지. 영혼은 (천궁의) 회전 운동이 똑같은 곳으로 돌아올 때

> 까지 줄곧 있는 것을 바라보며 즐거워하고, 참된 것을 관상하면서 영양을 얻고 기쁨을 누리네. 순환로 위에서 영혼은 정의 자체를 바라보고, 절제를 바라보며, 인식을 바라보는데, 이 인식에는 생성도 속하지 않고 우리가 지금 있는 것들이라고 부르는 각 대상에 따라 달라지는 일도 없이 참으로 있는 것에 속하는 인식이지.
>
> – 『파이드로스』, 247c~247e, 문예출판사

소크라테스에 따르면 아름다움 그 자체에 대한 비전은 영혼이 천상에서 보았던 참된 것의 '관상(觀想)'입니다. 관상이라는 단어는 '보다, 숙고하다, 사색하다'라는 의미를 지닌 그리스어 '테오리아(θεωρία)'에서 유래합니다. 물질적인 것에서 벗어난 순수한 사색에 침잠하는 행위를 뜻합니다. 이 용어는 라틴어 *contemplātiō*와 *theōria*를 거쳐, 각각 '관상(contemplation)'과 '이론(theory)'이라는 영어 단어로 번역됩니다. 특히 전자는 후일 가톨릭 전통이 신을 만나는 방법으로 체계화시킨 '관상 기도'에서 다시 등장합니다.

한편 플라톤은 육체에 깃든 인간 영혼이, 지상의 아름다움이 실제로는 천상의 그것을 모사(模寫, copy)했다는 사실을 망각한 채 지상의 것들에 집착하기 쉽다고 경고합니다. 그래서 교육을 통해 영혼의 방향을 다시금 숭고한 아름다움을 지향하도록 바꿀 필요가 있다고 보았습니다. 소크라테스가 영혼의 산파술로 불린 '대화'를 통해 평생 추구했던 철학의 목적이기도 합니다. 인간 영혼을 천상의 것을 지향하도록 만드는 일 말이지요.

플라톤이 보기에 철학자란 아름다움에 철저하게 매혹된 영혼입니다. 철학자는 끊임없이 아름다움과 결합하려 시도하고, 아름다움 그 자체의 비전을 직관할 때까지 광기에 사로잡힌 사람처럼 그 일에만 미친 듯이 매달리기 때문입니다. 그래서 철학자는 '에로스 신에 접신된 자', 즉 신적 광기에 빠진 사람으로 묘사됩니다. 오늘날 우리가 생각하는 냉철하고 이성적인 철학자와는 사뭇 거리가 있습니다. 그 점에서 플라톤은 '종교적 철학' 혹은 '철학적 종교'를 주장했던 것이지요. 지혜를 사랑하는 철학자가 에로스 신에 의해 접신되어, 아름다움만을 추구하다 도달하는 궁극적인 비전을 디오티마는 아주 자세하게 소크라테스에게 설명해 줍니다.

> 아름다운 것들을 차례차례 올바로 바라보면서 에로스 관련 일들에 대해 여기까지 인도된 자라면 이제 에로스 관련 일들의 끝점에 도달하여 갑자기 본성상 아름다운 어떤 놀라운 것을

직관하게 될 것입니다. 소크라테스, 앞서 모든 노고의 최종 목표이기도 했던 게 바로 이겁니다. 우선 그것은 늘 있는 것이고, 생성되지도 소멸하지도 않고, 증가하지도 감소하지도 않는 것입니다. 그다음으로 그것은 어떤 면에서는 아름다운데 다른 면에서는 추한 것이 아니고, 어떤 때는 아름다운데 다른 때는 아닌 것도 아니고, 어떤 것과의 관계에서는 아름다운 것인데 다른 것과의 관계에서는 추한 것도 아니며, 어떤 자들에게는 아름다운 것인데 다른 자들에게는 추한 것이어서 여기서는 아름다운데 저기서는 추한, 그런 것도 아닙니다. 또한 그 아름다운 것은 그에게 어떤 얼굴이나 손이나 그 밖에 몸이 관여하는 그 어떤 것과 비슷한 것으로 나타나지도 않을 것입니다. 어떤 이야기나 어떤 앎으로 나타나지도 않을 것이며, 어디엔가 어떤 다른 것 안에, 이를테면 동물 안에 혹은 땅에 혹은 하늘에 혹은 다른 어떤 것 안에 있는 것으로 나타나지도 않을 것입니다. 오히려 그것은 그것 자체가 그것 자체로 그것 자체만으로 늘 단일 형상으로 있는 것이며, 다른 모든 아름다운 것들

> 은 다음과 같은 어떤 방식으로 바로 저것에 관여합니다. 다른 것들이 생성되거나 소멸할 때 바로 저것은 조금도 많아지거나 적어지지 않으며, 아무 영향도 받지 않는 방식으로 말입니다.
>
> -『향연』, 210e~211b, 이제이북스

디오티마가 설명한 '아름다움 그 자체의 비전'은 후일 유대교, 기독교, 이슬람교 신비주의 전통에 의해 '신비적 합일 체험(mystical union)'의 사건으로 해석됩니다. 궁극적 실재에 대한 직접적인 앎이 직관의 체험으로 얻어진다는 것이지요. 『향연』에서 드러난 플라톤의 진지하고 확고한 태도를 고려할 때, 아름다움 그 자체의 비전이 허구나 상상의 산물이 아닌 인간에게 실제로 가능한 체험이라고 그가 믿었다는 사실은 분명해 보입니다.

요컨대 결합의 힘인 에로스는 '나'라는 분리된 정체성을 넘어서도록 추동합니다. '나 밖에 선다'라는 일련의 엑스터시적 상태를 부단히 만들어 내는 것이지요. 그 출발은 육체적인 사랑입니다. 욕망의 대상과 육체적으로 결합하는 일은 기쁨과 더불어 나를 잊게 만듭니다. 상대방과의 육체적, 정신적 분리가 사라지니까요. 나아가 진리를 알아차리는 사건 역시 우리를 더 큰 차원의 앎과 하나가 되는 상태를 가져옵니다. 그리고 천상에서 보았던 아름다움 자체를 직관하는 체험에서 에로스가 추구하는 결합은 완성됩니다. 그 순간 인간 영혼은 아름다움 그 자체가 됩니다. 플라톤에 따르면 바로 이때 우리 영혼은 자신의 참된 본성이었던 불멸성과 영원성을 다시 기억해 낸다는 것이지요.

이처럼 플라톤의 에로스는 성적 결합은 물론 궁극적 존재와의 합일을 이루게 만드는 근원적인 힘입니다. 그래서 에로스는 종교적이며, 더 정확하게는 신비주의적입니다. 모든 분리를 넘어서게 만들고, 종국에는 인간 영혼과 궁극적 실재의 결합이라는 시원적(始原的) 상태를 회복하게 만드니까요. 플라톤 철학이 기독교 등 후대의 여러 신비주의 전통에 지대한 영향을 끼친 이유가 여기에 있습니다. 그러니 플라톤을 그저 냉철한 이성만을 강조한 철학자로 보아서는 곤란합니다. '에로스의 접신', '신적 광기', '아름다움 그 자체의 비전', '엑스터시'와 같은 다채로운 요소가 그의 철학에 가득하니 말입니다.

‘내가 내 밖에(*eks*) 선다(*stasi*)’라는
뜻을 지닌 ‘엑스터시(ecstasy)’는 나를
벗어나는 ‘초월’의 가능성을 ‘내 안’에서
찾으려는 시도다.

4장

내 안의 '초월'을 찾아서

'내 밖에 선다'라는 의미를 지닌 '엑스터시'는 나를 벗어나는 '초월'의 가능성을 뜻합니다. 엑스터시를 통로로 삼아 종교의 의미에 접근하기 위해서는 '종교 체험'이라는 개념을 먼저 살펴볼 필요가 있습니다.

한편 인간이 궁극적 실재를 직접 인식할 수 있다는 주장은 '신비주의(mysticism)'라고 불립니다. 신비주의는 서구에서 만들어진 개념이지만, 동서양의 만남이 본격화된 근대 이후 종교의 근원적인 동일성을 모색하는 과정에서 주목받게 됩니다. 그런데 현대에 이르러 종교의 테두리 안에서만 논의되던 신비주의가 그 경계를 벗어나는 뜻밖의 현상이 발생합니다. 무종교인들이 신비적 합일 체험을 했다고 보고하기 시작한 것이지요. '세속적 신비주의(secular mysticism)'라고 불리는 이 현상은 종교와 인간의 종교성 이해에 전혀 다른 접근을 요청합니다.

'종교 체험, 엑스터시, 신비주의, 세속적 신비주의'는 개인의 비일상적인 체험과 종교적 세계관을 긴밀하게 연결하는 개념들입니다.

종교와 종교 체험

종교는 다양한 요소로 이루어진 복합적인 현상입니다. 교리, 경전, 의례, 조직, 체험 등이 종교의 불가결한 구성 요소로 제시됩니다. 교리는 종교적 세계관을 구성하는 이론 체계를 의미합니다. 교리를 담고 있는 중요한 텍스트가 경전이지요. 의례는 성스러운 시간과 공간을 재현하는 종교적 의식(儀式)으로, 구성원의 종교적 정체성을 확인하고 결속을 다지는 계기로 작용합니다. 그리고 인적, 물리적 구성물인 조직 역시 종교를 이해하는 데에 빠질 수 없습니다. 끝으로 종교 체험은 종교의 형성과 유지 과정에서 긴요한 역할을 하는 개인의 비범한 경험을 뜻합니다.

종교 체험의 중요성은 종교사에서 숱하게 확인됩니다.

생로병사(生老病死)의 의문에 사로잡힌 붓다는 왕궁을 떠나 수행을 거듭합니다. 마침내 자신의 참된 본성인 불성을 알아차리는 '견성(見性)' 체험을 한 후 이를 기반으로 불교를 창시하지요. 무함마드도 기도 끝에 알라신으로부터 계시를 전해 듣는 체험을 합니다. 그 내용을 기록한 『꾸란(Quran)』을 주변과 공유하면서, 이슬람의 역사가 시작됩니다.

기독교 신학 형성에 결정적인 기여를 한 사도 바울(Paul) 역시 종교 체험의 중요성을 증언합니다. 그는 현재 시리아의 수도인 다마스쿠스(Damascus)로 기독교인을 탄압하러 가던 중 갑작스럽게 예수의 목소리를 듣습니다. 이 체험을 계기로 바울은 목숨을 잃을 때까지 예수의 가르침을 전하는 헌신적인 기독교 신자로 변모합니다.

우리 종교사에서도 비슷한 사례가 많습니다. 수운 최제우는 1860년에 예기치 않게 한울님을 만나고, 이것이 출발점이 되어 동학이라는 종교를 창도합니다. 원불교를 창시한 소태산 박중빈(朴重彬, 1891~1943) 역시 치열한 구도 끝에 26세인 1916년에 '대각(大覺)'의 체험을 얻었다고 전해지지요. 이처럼 동서양을 막론하고 개인의 종교 체험은 종교가 형성되고, 유지되며, 성장하는 데에 결정적인 역할을 해 왔습니다.

그러나 이 단어는 사용 빈도나 중요성에 비해 명확하게 정의되고 있지 못합니다. 또 종교 이해에 유용하다는 평가도

소태산 박중빈(少太山 朴重彬) ⓒ원불교기록관리소

받지만, 다른 한편에서는 개인주의적 경향성을 과도하게 반영한 탓에 객관적인 분석의 틀이 되기에 적합하지 않다는 비판도 제기됩니다. 그러니 본격적인 논의에 앞서 그 의미를 정리해 볼 필요가 있습니다.

우선 개념을 구성하는 두 단어인 '종교'와 '체험'을 나누어 살펴볼까요. 먼저 '종교'입니다. 이 책의 앞부분에서 종교를 제임스의 견해를 반영해 '보이지 않는 차원과 개인이 맺는 관계'라고 정의했습니다. 종교는 현상 세계가 유일한 실재가 아니고, 그 근저에 보이지 않는 차원이 존재한다는 형이상학적 주장입니다. 한편 틸리히의 접근을 활용해 우리 삶의 궁극적인 의문에 대한 해답 체계라고도 이야기했습니다. 두 입장을 결합하면 종교는 삶의 궁극적인 해답을 보이지 않는 차원과의 관계에서 모색하려는 시도로 요약될 수 있습니다.

다음은 '체험'입니다. 우리는 '체험'과 '경험'을 자주 혼용하지만, 두 단어에는 미묘한 차이가 있습니다. 예컨대 초등학교 교육 과정에 '체험 학습'은 있어도 '경험 학습'이라는 명칭은 잘 사용하지 않습니다. 날을 잡아 특정 장소를 몸소 방문하는 프로그램이 체험 학습입니다. 비슷한 맥락에서 '체험 수기'라는 표현이 '경험 수기'보다 더 자연스럽게 들리지요.

'체험(體驗)'이라는 단어는 '체(體)'라는 글자가 보여주듯이 몸으로 직접 겪은 일회적인 사건이라는 의미가 강합니다.

반면 '경험(經驗)'은 '경(經)'이 드러내듯 체험의 축적을 강조합니다. 체험이 쌓여 경험이 된다는 점에서 '풍부한 경험'이라는 표현이 더 편하게 느껴지지요. 그러니 종교 체험이라는 용어가 개인이 겪는 일회적이며 직접적인 사건을 지칭하는 데에 적합하다고 볼 수 있습니다.

그렇다면 '종교 체험'을 구체적으로 어떻게 정의해야 할까요. 일단 종교적 맥락이나 상황에서 일어나는 모든 사건과 현상을 종교 체험이라 부르기는 힘듭니다. 범위가 지나치게 넓어지기 때문입니다. 예컨대 불교 신도가 기독교 경전인 성경을 호기심에 읽거나, 관광 목적으로 교회를 방문한 일을 종교 체험이라고 명명하기 어렵습니다. 또 가톨릭 신자가 미사에 참석했지만, 개인적인 근심 때문에 전혀 집중하지 못했는데도, 이를 종교 체험이라 부르기는 곤란해 보입니다.

이 대목에서 '변형 의식 상태(Altered States of Consciousness)'라는 유용한 개념이 등장합니다. 이 표현은 인간의 마음이 서로 구분되는 여러 상태로 구성되어 있음을 전제로 합니다. 우리 마음이 일상적인 의식을 비롯해, 수면 상태, 꿈의 상태 등 질적으로 다른 상태들로 이루어져 있다는 것이지요. 특히 이 중에는 보이지 않는 차원을 직접 인식하는 비일상적인 상태가 있다는 겁니다. 즉, 변형된 의식 상태 중에서 보이지 않는 차원을 접하고 강렬한 정서나 직관적인 통찰을 얻을 때, 이를 종교 체험이라 부르자는 주장입니다.

인간의 마음이 서로 다른 일련의 상태로 이루어져 있다는 사실은 오래전부터 잘 알려져 있습니다. 플라톤은 『파이드로스』에서 인간의 마음을 일상적인 의식 상태와 비일상적인 의식 상태인 '광기'로 나누어 설명합니다. 그리고 광기 상태를 '인간적 광기'와 '신적 광기'로 나누고, 후자가 일상적인 의식 상태보다 개인과 공동체에 더 유용할 수 있다고 주장합니다.

이와 비슷하게 힌두교 경전인 『만두키야 우파니샤드』는 우리의 의식을 넷으로 나눕니다. 일상적인 의식 상태, 꿈이 없는 잠의 상태, 꿈의 상태 그리고 '뚜리아(Turiya)'라고 불리는 네 번째 상태가 그것입니다. 특히 마지막은 인간과 신이 결합하는 가장 중요한 의식 상태로 묘사됩니다.

종교는 인간 마음이 다양한 상태로 구성된다는 견해를 적극적으로 수용합니다. 나아가 의도적으로 의식을 변화시켜 비범한 종교적 통찰과 직관을 얻으려 노력합니다. 우리의 마음을 변화시키는 요인들은 특정한 의식 상태를 촉발시킨다는 점에서 총칭해 '방아쇠(trigger)'라고 불리기도 합니다. 여기에는 명상, 기도, 아름다운 자연 경관, 트라우마(trauma), 향정신성 약물 등 참으로 많은 계기가 포함됩니다. 그 중에서도 명상과 기도는 종교의 수행법으로 오랫동안 전승됐습니다.

종교 전통이 이처럼 인간 의식의 다양한 상태와 이를 변화시키는 방법을 잘 알았던 것에 반해, 종교 체험은 근대 이후에야 종교의 핵심 요소로 주목받기 시작합니다. 슐라이어마허와 비교 종교학자였던 루돌프 오토(Rudolf Otto, 1869~1937)가 그 중요성을 역설한 대표적인 인물입니다. 오토는 우리가 개인적인 체험을 통해 '성스러움'을 직접 인식할 수 있다고 강조했습니다. 또 그 체험의 문화적인 표현이 종교라고 보았고요. 이 점에서 그는 절대적 실재와 개인이 맺는 관계인 종교 체험이 동서양을 막론하고 종교의 형성과 유지에 핵심적인 역할을 한다고 주장합니다.

이런 입장을 더욱 체계화시킨 인물이 윌리엄 제임스입니다. 제임스는 그의 책 『종교 체험의 여러 모습들』에서 '회심(conversion)'을 포함한 다양한 유형의 종교 체험들을 열거하고, 종교 체험의 의미와 중요성을 꼼꼼하게 설명합니다. 무엇보다 그는 '신비주의'를 다루면서, '신비적 합일 의식 상태(mystical state of consciousness)'야말로 종교 이해에 가장 결정적인 요소라고 강조합니다. 종교 체험과 신비주의가 제임스에게서 전면적으로 만나고 있는 것이지요.

신비주의란 무엇인가?

종교는 현상적 세계를 넘어서 존재하는 실재나 차원을 빠짐없이 주장합니다. 종교에서 초월적 차원은 모든 것의 근거이자 존립을 가능하게 만드는 기반으로 간주되며, 전통에 따라 다양한 이름으로 불립니다. 신(神), 브라흐만(Brahman), 도(道), 천(天), 공(空), 한울님과 같은 명칭이 대표적이지요. 비교의 관점에서는 '궁극적 실재(ultimate reality)'라는 보다 중립적인 표현이 선호됩니다.

그런데 이러한 궁극적 실재와의 합일이 체험으로 가능하다는 견해가 종교 전통마다 면면히 존재했습니다. '신비주의(mysticism)'가 바로 그것입니다. 기도와 명상과 같은 수행법을 활용해 의도적으로 의식 상태를 변화시키고, 이를 통해 비일상적인 종교 체험을 추구하는 흐름이 동서양 종교에서 빠짐없이 등장했다는 의미입니다.

이 개념의 기원은 고대 그리스와 로마의 '신비 종교(mystery cult)'에서 발견됩니다. '미스터리(mystery)'는 '눈이나 입을 가리다'라는 그리스어 '무오(μυω)'에서 유래했습니다. 비밀스러운 지식의 발견과 전승을 핵심으로 삼았던 고대의 신비 종교는 입문자들에게 교단에서 배웠던 내용과 체험을 철저하게 비밀로 유지할 것을 요구했습니다. 앞서 다룬 플라톤 철학과 이를 신비주의적으로 해석했던 신플라톤주의의 창시자인 플로티누스(Plotinus, 204~270)의 사상이 기독교와 이슬람, 그리고 유대교 신비주의의 근간을 형성합니다.

그렇다면 신비주의를 어떻게 정의할 수 있을까요? 신비주의는 "인간이 궁극적 실재와 합일되는 체험을 할 수 있고, 의식을 변화시키는 수행을 통해 체험을 의도적으로 추구하며, 체험적 통찰에 근거해 궁극적 실재와 우주, 그리고 인간의 관계를 설명하는 사상으로 구성된 종교 전통"으로 정의될 수 있습니다. 다소 복잡하게 들리지만, 구성 요소를 살펴보면 그 의미가 더 분명해집니다. 즉, 신비주의는 '체험, 수행, 사상'으로 이루어집니다.

먼저 '신비 체험'은 신비주의의 가장 핵심적인 요소입니다. 여러 가지 유형의 의식 변형 체험이 신비 체험으로 일컬어지지만, 궁극적 실재와 하나가 됨으로써 존재의 본성 혹은 궁극적 실재를 인식할 수 있다는 '신비적 합일 체험(mystical union)'이 중심입니다. 제임스는 '신비적 의식 상태(mystical state of consciousness)'의 체험이라고도 불렀습니다.

'신비 수행'은 우리의 일상적 의식을 변화시켜 신비 체험을 얻으려는 의도적인 수행법을 의미합니다. 호흡 조절을 포함해 만트라(mantra)와 같은 진언(眞言) 수행, 관상 기도 등 그 방법은 다채롭습니다. 이 모두는 의식을 다른 상태로 변화시키는 방아쇠의 역할을 합니다. 신비주의 전통은 다양한 의식 변형의 기법을 체계적으로 개발해 전승해 왔습니다. 신비적 합일 의식 상태라는 최종적인 목표에 도달하기 위해서이지요.

끝으로 '신비 사상'이란 체험이 주는 직관적 통찰에 기반해 현상 세계와 보이지 않는 차원의 상호 관계, 수행의 방법과 과정, 궁극적 실재의 특성 등을 설명하는 이론 체계입니다. 모든 신비주의 전통은 신비 체험이 주는 직관적 앎에 근거해 우주론, 인간론, 수행론과 같은 이론적 체계를 발전시켜왔습니다. 다르게는 '신비 신학(mystical theology)'이라고도 불립니다.

그런데 뜻밖에도 '신비주의'라는 이름을 가진 종교 전통이 따로 존재했던 적은 없습니다. 이 단어는 실재했던 특정 종교 전통을 지칭하는 것이 아니라, 궁극적 실재와의 합일 체험을 추구하는 종교 내부의 독특한 흐름을 가리키기 위해 만들어진 것입니다. '신비주의적(mystical)'이라는 형용사나 '신비가(mystic)'라는 명사는 전통 내부에서도 특정한 경향을 표현하기 위해 오랫동안 사용됐지만, 신비주의라는 보통 명사는 근대 이후에 등장합니다. 특히 이 단어는 근대 이후 동서양이 본격적으로 만나게 되자, 동서양 종교의 공통 기반을 찾으려는 가교(架橋)의 역할을 했던 것이지요.

한편 신비주의 개념은 서구에서 형성되었지만, 줄곧 의심의 시선을 받았습니다. 합일 체험을 강조하는 태도가 사후 천국을 최종 목적으로 제시한 종교적 가르침과 상충하는 것으로 받아들여졌기 때문입니다. 또 신과 인간 사이의 넘을 수 없는 거리를 강조하는 유신론 전통에서 합일 체험을 통해 신과의 동일성이 체득된다는 주장 역시 위험하게 들렸던 겁니다. 이런 역사적 경험을 한 서구인들은 비범한 체험을 강조하는 힌두교와 불교와 같은 동양 종교를 접하자, 그들에게 비주류였던 신비주의를 자연스럽게 떠올리게 됩니다.

그러나 이 개념이 동양에 소개되자 일부 아시아인들은 오히려 서구 중심적 편견이 내포되어 있다고 비판합니다. 동양 종교를 서구적 개념에 억지로 꿰맞춘다는 것이지요. 개념을 둘러싼 논란은 여기서 멈추지 않습니다. 경전의 사변적 이해보다 직관적 체험을 강조한 탓에, 종교적 열광에 경도된 반지성주의로 비난받기도 했고요. 보이지 않는 차원에 주목한다는 사실이 과장되어 온갖 초자연적 경험을 추구하는 시도로도 오해되었습니다. 심지어 우리나라에서는 연예인들의 의도적인 미디어 기피 현상을 일컫는 단어로까지 활용됩니다. 그래서 유명한 대중 스타들이 신비주의자로 지칭되기도 합니다. 신비주의가 비밀주의로 오인된 것입니다. 이처럼 한 단어가 극단적인 찬탄과 비난, 그리고 오해를 동시에 받는 일은 종교학에서도 매우 드뭅니다.

비교의 관점에서 살펴보자면 신비주의는 단어가 유래한 서양에서 철저하게 비주류였습니다. 반면 동양에서는 상황이 사뭇 달랐습니다. 불교, 도교, 힌두교와 같은 대부분의 동양 종교는 수행을 통해 도(道), 천(天), 브라흐만(Brahman), 불성(佛性)과 같은 존재의 참된 본성이나 궁극적 실재를 인식하는 체험이 가능하다고 보았습니다. 나아가 도통(道通), 해탈(moksha), 견성(見性), 천인합일(天人合一), 대오(大悟)와 같은 비범한 종교 체험이 신행의 최종 목표였습니다. 신비주의의 관점에서 동서양은 매우 뚜렷한 대조를 보여준 것입니다.

신비가의 실제 사례를 통해 신비주의의 구체적인 내용을 더 자세하게 살펴볼까요. 먼저 스페인의 수녀이자 신비주의자였던 아빌라의 테레사(Teresa of Ávila, 1515~1582)입니다. 그녀는 영적 여정에서 겪었던 다양한 체험을 『내면의 성』이라는 책에서 자세하게 묘사합니다. 다음 인용문은 테레사가 자

조반니 로렌초 베르니니의
〈성 테레사의 엑스터시(Ecstasy of Saint. Teresa)〉 ⓒWikimedia

신이 경험했던 신과의 합일 체험을 서술한 것입니다.

> 사실 이 상태가 계속되는 얼마 동안 우리는 감각을 잃게 되고 무엇을 생각하려 해도 되지 않는 것입니다. (…중략…) 그 상태에 있는 사람은 무엇을 보거나 듣거나 이해하지 못합니다. 그동안이란 항상 짧지만, 그 당사자들에게 있어서는 실제보다 훨씬 더 짧게 느껴지는 것입니다. (…중략…) 하느님은 그런 영혼 안에 깊이 뿌리박고 계시기 때문에, 그 사람은 제정신이 돌아온 뒤에도, 자기가 하느님 안에 있고 하느님이 자기 안에 계시다는 사실을 의심할 수 없게 됩니다. 그에게는 이 사실이 사무치게 박혀 있어서 두 번 다시 그런 은혜를 받지 못한 채로 몇 해가 지나가더라도 한 번 있었던 일을 잊을 수도, 의심할 수도 없게 되는 것입니다. (…중략…) 반 시간을 넘는 일이 없는 그 짧은 동안에 하느님과의 합일을 이루고 당신의 위대하심 속에 있음으로 해서 영혼은 얼마나 변모되는 것입니까?
>
> -『내면의 성: 아빌라의 테레사』, 요단출판사

테레사는 신비적 합일 체험이 짧은 시간 지속되었고, 그 상태에서 오감을 잃었지만 신을 분명하게 인식했다고 말합니다. 일시적인 체험이지만 신의 본질에 대한 직관적 통찰이 하도 강렬해서, 오랜 시간이 지난 후에도 생생하게 기억할 수 있었다는 것이지요. 또 이 체험 후 삶에 매우 큰 변화가 생겼다고 강조합니다. 테레사가 1970년 교황청에 의해 최초의 여성 '교회 박사(doctor of the church)'로 추서되었다는 사실은 그녀의 체험과 저술이 가톨릭 신학에 미친 중요한 기여를 보여 줍니다.

가톨릭 신부였던 마이스터 에크하르트(Meister Eckhart, 1260~1327) 역시 중세 가톨릭의 대표적인 신비가입니다. 그가 묘사한 '신성(神性, Godhead)'이 불교의 공(空) 개념과 아주 흡사해 에크하르트는 '익명의 불교도(anonymous buddhist)'라고까지 불렸습니다. 그는 신비적 합일 의식 상태에 이르는 과정과 함께 거기에 수반된 직관적 통찰의 내용을 묘사합니다.

> 어떤 것도 시간과 공간처럼 하느님에 대한 영혼의 지식을 방해하지 않는다. 왜냐하면 하느님께서는 하나이신 반면, 시간과 공간은 단편적인 것이기 때문이다. 따라서 영혼이 하느님을 알고자 한다면, 그것은 시간과 공간을 초월하여 알지 않으면 안 된다. 왜냐하면, 이들 다양한 사물

> 들처럼 하느님께서는 이것도 아니고 저것도 아니시기 때문이다. 하느님께서는 하나이시다!
>
> …
>
> 우리가 신성한 진리를 보고 있을지라도 완전히 축복받지는 못한다. 왜냐하면 계속 보고 있을 때 우리는 그 안에 있지 않기 때문이다. 어떤 대상을 생각하고 있는 한, 우리는 그것과 하나가 되지 못한다. 일자(一者)밖에 없는 곳에서는 일자 이외의 어떤 것도 보이지 않는다. 그러므로 어떤 사람도 눈멀지 않고서는 하느님을 볼 수 없으며, 무지를 통하지 않고서는 하느님을 이해할 수 없다.
>
> –『마이스터 에크하르트』, 다산글방

에크하르트에 따르면 합일 의식 상태에 도달하기 위해서는 '보는 자'와 '보이는 대상', 그리고 '보는 행위' 사이에 어떠한 분리도 없어야 합니다. 동시에 일체의 사고 작용 역시 멈추어야 합니다. 그런 후에야 신의 본성이 비로소 체험될 수 있다는 것이지요.

가톨릭 전통의 두 신비가는 저술을 통해 우리에게 많은 사실을 알려 줍니다. 신비적 합일 체험은 짧은 시간 동안 지속되며, 그 상태에서 시공을 초월한 일원성과 지극한 기쁨인 '지복(至福, bliss)'이 인식됩니다. 또 합일 의식 상태에서는 오감의 활동은 물론 어떤 유형의 관념적인 사고 작용도 일어나지 않는다는 겁니다. 그러나 일시적인 합일 상태에서 벗어난 후 시간이 많이 지나더라도 직관적인 통찰은 뚜렷하게 남아 생생하게 기억된다는 주장입니다. 에크하르트는 구체적인 내용으로 무한, 영원의 인식과 함께 모든 이원성을 소거시키는 절대적인 일원성을 강조합니다.

서구 종교사에서 많은 우여곡절을 겪어야 했던 신비주의는 근대 이후 종교의 보편적 근거로 재조명됩니다. 소설 『멋진 신세계』를 집필한 올더스 헉슬리(Aldous Huxley, 1894~1963)의 주장이 대표적입니다. 그는 『영원 철학』이라는 저서에서 동서양 종교의 근저에는 신비주의라는 공통의 요소가 있다고 역설했습니다. 궁극적 실재와 하나가 되는 신비적 합일 체험은 시공을 초월해 동일하며, 여러 종교는 이 체험의 각기 다른 표현이라는 견해입니다.

개인적 체험으로 확인되는 궁극적 실재가 곧 영원 철학의 근거이고, 이것이 문화적 맥락을 반영해 구체화된 결과가 여러 종교라는 주장입니다. 예컨대 붓다가 자신의 깨달음 체험에 근거해 당대의 주류 종교였던 힌두교와 차별화된 불교를 창시한 것이 대표적입니다. 헉슬리의 영원 철학은 종교의 근원적 동일성과 보편성을 찾으려던 이들에게 큰 호응을 얻습니다. 동서양의 만남으로 본격화된 다종교 상황에서 종교를 통합적으로 이해하려던 열망의 반영이기도 했고요.

그러나 영원 철학은 장단점이 뚜렷합니다. 서로 다른 종교를 보편주의적 관점에서 접근했다는 사실은 큰 장점이었습니다. 또 이런 방식으로 종교의 평화적인 공존을 모색했다는 사실 역시 의미가 있습니다. 비록 그의 주장이 종교 간 소통과 공존을 현실에서 구현하는 데에는 크게 성공하지 못했지만, 종교의 독점적 진리 주장이 빚어내는 갈등을 다른 관점에서 바라보도록 만드는 기반을 제공했으니까요.

동시에 합일 체험의 보편적 가능성을 인정한다는 측면에서, 인간 존재의 타고난 고귀함도 강조할 수 있었습니다. 불성을 체득함으로써 모두가 붓다가 될 수 있다거나, 영혼의 깊은 차원에 신성이 자리하고 있다는 기독교 신비가의 견해가 대표적이지요. 각자의 내면에 한울님을 모시고 있으며, 동서양이 동일한 천도를 시대 상황에 따라 달리 표현한다는 수운 최제우의 주장 역시 흡사합니다. 나아가 영원 철학의 보편주의적 태도는 자연스럽게 개인과 공동체 차원에서 타자를 존중하라는 윤리적 요청으로도 발전합니다. 이렇게 여러 차원에서 영원 철학은 종교 간 긴장과 갈등을 현저하게 감소시키는 장점을 보여주었습니다.

그러나 단점 역시 분명합니다. 무엇보다 동일성을 찾으려는 의도에 치우쳐, 이미 존재하는 종교의 현실적인 차이를 간과할 수 있다는 우려가 제기됩니다. 종교의 다름을 표면적인 것으로 축소할 가능성이 있다는 것이지요. 더 결정적인 어려움은 영원 철학의 근본 전제에 있습니다. 즉, 신비적 합일 체험이 어디까지나 주관적인 개인의 경험이므로 시공을 초월해 동일한지 또 모두가 그 체험을 할 수 있는가는 입증할 수 없습니다. 영원 철학의 가장 핵심적인 주장인데도 말입니다.

또 기존 종교와의 충돌도 피하기 어렵습니다. 불교의 '공'과 기독교의 '신'이 궁극적 실재의 각기 다른 표현이라는 주장을 불교인, 기독교인 모두가 받아들이는 것은 불가능에 가깝습니다. 종교인들이 영원 철학을 수용할 가능성이 아주 낮다는 것이지요. 여러 가지 한계로 인해 영원 철학은 처음 등장했을 때처럼 주목받고 있지 못합니다. 그러나 이런 한계에도 불구하고 서로 다른 종교를 통합적으로 이해하려 노력했다는 점에서 영원 철학은 높이 평가될 수 있다고 봅니다.

그런데 이 대목에서 과거와 매우 다른 상황이 펼쳐집니다. '세속적 신비주의'라는 뜻밖의 현상이 등장해, 영원 철학을 둘러싼 논쟁은 물론 종교와 인간의 종교성 이해에 완전히 새로운 접근을 요청하게 된 것입니다.

세속적 신비주의

세속화로 인한 현대 사회의 탈종교 경향은 가속화되고 있습니다. 무종교인의 증가가 대표적인 징후입니다. 이런 상황에서 오랫동안 종교와 함께 논의되던 신비주의가 종교의 테두리를 벗어나는 의외의 현상이 발생합니다. 실제 사례를 중심으로 살펴볼까요. 다음 인용문은 한 아일랜드 여성이 스물한 살 때 갑작스럽게 겪었던 사건을 16년이 지난 후 보고한 내용입니다.

> 여전히 혼잣말로 질문을 던지고 얘기를 하며 걷다가, 절벽 끝에 도착해 생각하고 있을 때 그 일이 갑작스럽게 일어났다. 초록색 절벽과 태

양, 바다, 소리가 어우러진 속에서 시공이 뒤틀리면서 '모든 것이 다 괜찮으며, 일체(unity)를 이룬다'라는 강한 긍정성을 느꼈다.

나는 사색하던 중이 아니었다. 나는 무엇을 보거나 육체적으로 인식하던 것도 아니었다. 그것은 오히려 앎에 가까웠고, 그때인지 그 이후인지는 모르겠지만, 나는 기묘하게도 내가 더 이상 절벽 위에 있지 않고 존재의 충만함인 잿빛의 무시간(無時間) 속으로 튕겨 들어갔다고 느꼈다. 나는 그것의 일부였다. (…중략…)

나는 그때, 그 체험 이전과 이후로 일체성(一體性)이라는 것을 내가 모르고 있었다는 점을 분명하게 인식하게 되었다. 그것은 내가 무엇을 알고 있는 주체로서 인식하는 상태가 아니었다. '알고 있다'라는 표현은 애매모호하다. 나는 무엇에 대해서 알고 있는 것도 아니고, '무엇이 어떠하다'라는 식으로 안 것도 아니다. 여기서 '안다'라는 표현은 내가 직접적으로 일체성을 체험했다는 의미이다.

체험 이후에 나는 정말로 경이로움을 느꼈다. 마치 '나는 뭐든 괜찮고, 걱정할 필요도 없고, 모든 것이 좋다'라고 환호하는 것처럼 느꼈다.

- 종교체험연구센터 1441번 보고(필자 번역)

이 내용은 영국의 해양 생물학자였던 알리스터 하디(Alister Hardy, 1896~1985)가 수집한 수천 건의 자료 중 하나입니다. 하디는 그의 평생 관심사였던 종교 체험을 연구하기 위해 '종교체험연구센터(RERC: Religious Experience Research Center)'를 설립하고 많은 체험담을 모았습니다. 1441번으로 채록된 보고의 주인공인 이 여성은 한 때 가톨릭 신도였지만, 체험을 겪게 된 시점에는 무신론자였다고 밝힙니다.

하디가 1146번으로 정리한 다른 사례도 살펴볼까요. 70대의 한 영국 여성이 10대 후반이었던, 무려 60여 년 전 경험을 묘사한 보고입니다.

어떤 사건으로 인해 나는 큰 상처와 모멸감을 느꼈다. 나는 내 방으로 달려가 마치 텅 빈 조개껍데기처럼 나 자신을 가치가 없다고 느끼면서 비참함의 상태에 빠져 있었었다. 그런데 이 절대적인 공백의 지점에서부터 마치 내가 또 다른 차원에 붙잡히게 된 것처럼 보였다. 분리된 나의 자아는 존재하기를 멈추고 잠시 나는 삶과

> 죽음의 영역을 초월해 있는, 마치 무시간(無時間)의 거대한 권능과 기쁨 그리고 빛의 일부가 된 것처럼 느꼈다. 나의 개인적이며 고통스러운 느낌은 사라졌다. 비전(vision)이 주었던 강렬함은 잦아들었지만, 그 이후로도 지금껏 생생한 기억으로 남아 있다.
>
> - 종교체험연구센터 1146번 보고(필자 번역)

인용한 두 사례는 체험자들이 그들의 경험에서 매우 강렬한 인상을 받았음을 보여 줍니다. 체험 후 시간이 많이 지났지만, 자신의 체험을 마치 어제 일처럼 생생하게 묘사하고 있으니까요.

또 '의식, 자아, 일체성, 무시간성, 앎, 기쁨, 빛'과 같은 비종교적이며 심리학적인 용어들을 주로 활용하고 있다는 사실도 눈에 띕니다. '신, 은총, 섭리'와 같은 종교적 단어를 사용하지 않은 이유는 체험 당시에 그들은 스스로 종교인이 아니라고 생각했기 때문입니다. 만약 그렇지 않았더라면 두 사람의 보고는 종교 전통이 전하는 체험담과 구분하기 힘들었을 겁니다.

물론 묘사된 체험을 두 사람이 실제로 겪었는지, 그리고 보고 내용이 발생한 사건과 얼마나 부합하는지는 개인적 체험의 주관적인 회상이므로 확인할 방법이 없습니다. 그 점에서 앞서 살펴본 종교 전통에 속한 신비적 합일 체험 보고와 사정은 크게 다르지 않습니다. 그러나 보고를 액면 그대로 수용한다면 경이로움과 같은 정서적 측면을 포함해, 체험이 그들에게 아주 깊은 인상을 남겼다는 사실은 분명합니다.

데레사나 에크하르트와 같은 신비주의자들은 종교 전통에서 끊임없이 등장했습니다. 그러나 기독교를 비롯한 유신론적 종교는 그들에게 양가적인 반응을 보여 줍니다. 한편으로 그들의 체험과 주장은 종교 전통에 영감과 활력을 제공하기도 했습니다만, 포레뜨(Maguerite Porete, ?~1310)나 알 할라지(Mansur al-Hallaj, 858~~922)와 같은 신비가들은 그들의 신비적 주장 때문에 목숨을 잃기도 했지요.

그러나 설령 교단이 신비가들을 가혹하게 탄압했더라도, 신비주의는 종교의 테두리를 벗어난 적이 없었습니다. 그러나 앞서 인용한 하디의 두 사례는 전혀 다른 상황을 보여 줍니다. 이 보고들이 '세속적' 맥락의 체험, 즉 자신을 무종교인이라 정의하고 있는 사람들에게 발생한 체험이기 때문입니다. '세속적 신비주의(secular mysticism)'라는 이름이 붙는 이유가 여기 있습니다.

더 꼼꼼한 분석을 위해 유물론자였다가 신비가로 변모한 희귀한 사례를 살펴볼까 합니다. 두 여성과 달리 체험자가 후일 유명 인사가 되었다는 점에서도 흥미롭습니다. 아서 쾨슬러(A. Koestler, 1905~1983)는 세속적 맥락의 신비 체험이 개인을 어떻게 변화시키는지를 가장 뚜렷하게 보여준 경우입니다. 열혈 공산주의자였던 그는 종군 기자로 스페인 내전에 참여했습니다. 모국인 오스트리아를 떠나 스페인 내전에까지 갔을 정도이니, 그가 얼마나 투철한 공산주의자였는지 짐작할 수 있습니다.

쾨슬러는 자신의 책 『The Invisible Writing(보이지 않는 글)』에서 정부군의 포로로 잡혀 투옥된 상황에서 예기치 않게 겪었던 체험을 자세하게 묘사합니다. 독방에 갇힌 상태에서 동료 재소자들이 고문받고 처형당하는 것을 접하면서, 그는 극심한 스트레스와 공포를 겪습니다. 이처럼 트라우마에 가까운 심리 상태에 빠져 있을 때 기묘한 체험이 갑자기 찾아옵니다. 유물론자였던 그는 이 체험으로 큰 충격을 받고 석방된 후 신비주의자가 됩니다. 체험 과정이 아주 자세하게 묘사되었다는 점에서도 보기 드문 사례입니다..

> 나는 매트리스에서 뽑아낸 쇠 스프링으로 벽에 수학 공식을 긁어 쓰면서, 40번 독방의 오목 들어간 창문 옆에 서 있었다. (…중략…) 그러다 나는 소수의 개수가 무한하다는 유클리드의 증명

을 기억하려 시도했다. (…중략…) 아마도 나는 '완벽-이것이 완벽이다'라고 하는 말로 표현할 수밖에 없는 인식 속에 몇 분 동안 서 있었던 것 같다. 그 순간 불현듯 내 마음 뒤편에서 심리적 불편함이 느껴졌다.

물론 나는 감옥에 갇혀 있고, 총살당할지도 모른다. 그러나 바로 그때 아마도 '그래서 뭐? 그게 다야? 그것보다 더 심각한 걱정거리는 없어?' 정도로 표현될 수 있는 대답이 곧장 솟아났다. 그 대답은 너무도 즉흥적이자, 신선하면서도 즐거워서, 내 마음을 엄습한 혼란스러운 짜증이 마치 옷의 칼라 단추를 잃어버린 것처럼 사라졌다. 나는 다시 침묵의 다리 아래에 흐르는 평화의 강 위에 떠 있었다. 그 강은 시원(始原)도 없고 목적지도 없었다. 그리고 그때 강도 나도 없어졌다. '나(The I)'라는 것이 존재하기를 멈추었다.

내가 '나라는 것이 존재하기를 멈추었다'라고 묘사할 때, 나는 피아노 협주곡을 감상한 후의 느낌처럼 말로 표현할 수 없는 구체적인 체험을 의미한다. 그러나 그것은 훨씬 더 실제적인 것이다. 이 체험의 가장 큰 특징은 이 상태가 우리가 예전에 경험했던 것들보다 더욱 실제적인 감각을 갖는다는 사실이다. 그 감각은 베일이 벗겨져 '진실한 실재'와 접하는 것이다. 그것은 사물들의 숨겨진 질서이자, 일상의 뒤죽박죽인 층에 의해 가려져 있던 세상의 엑스선(X-ray)적 본질이다.

음악이나 전원 풍경 또는 사랑과 같이 정서적으로 우리를 황홀하게 하는 것과 이러한 유형의 체험을 구별하는 일은 그 체험이 분명히 지성적인, 아니 오히려 물자체(物自體, noumenal)에 가까운 내용을 갖고 있다는 점에 있다. 그것은 언어로 표현되어 있지 않을지라도 유의미하다. 그 체험에 가장 근접한 언어적 표현은 '존재하는 모든 것의 통일이자 상호연결성이며, 중력장이나 연통관(連通管)과 같은 것들의 상호의존성이다.' 정신적인 삼투성과 같은 것에 의해 우주적 심연과 연결되고 그것에 융해되었기 때문에, '나'는 존재하기를 그친다. 그것은 모든 긴장의 해소이자 절대적 카타르시스이고, 모든 이해력을 넘어선 평화라는 점에서 "대양적(大洋的)인

느낌"으로 인식될 수 있는 용해(溶解)이자, 무한한 확장의 과정이다.

흡사 마취에서 깨어나듯이 나는 점점 더 낮은 실재의 차원으로 돌아왔다. 더러운 벽에 쓰인 포물선 방정식, 쇠로 만들어진 침대와 테이블, 그리고 안달루시아의 파란 하늘 한 조각이 보였다. 그러나 다른 종류의 중독과는 달리 불쾌한 후유증은 없었다. 힘을 북돋우는, 조용하면서도 공포를 일소하는 사후 효과는 며칠 동안이나 계속되었다.

- 『The Invisible Writing』 중에서(필자 번역)

쾨슬러의 보고는 앞서 인용한 두 사례보다 더 풍부하고 자세한 내용을 담고 있습니다. 하지만 그의 보고에서도 '종교적' 표현이나 색채는 찾아보기 힘듭니다. 마지막 부분에 등장한 '대양적인 느낌(oceanic feeling)'은 프로이트가 『문명 속의 불만』에서 신비적 합일 체험을 묘사하기 위해 사용한 표현입니다. 작은 물방울이 거대한 바다와 하나가 되는 것처럼 인간의 의식이 확장되는 사건을 뜻하지요.

보고의 구체성 외에도 눈길을 끄는 대목은 체험이 그에게 준 영향입니다. 쾨슬러는 이 체험 때문에 유물론적 세계관을 버리고, 전 세계 신비주의 전통을 섭렵하는 열정적인 신비가로 변합니다. 그러나 특정 종교 전통에 속한 신비주의가 아닌, 여러 종교의 신비주의를 두루 수용한 것이지요. 즉, 헉슬리의 영원 철학적 입장에 가깝습니다. 또 그는 후일 안락사 운동에 적극적으로 참여한 것으로도 잘 알려져 있습니다.

이 사례 역시 쾨슬러의 실제 체험인지 여부와 보고된 내용의 진실성은 확인할 수 없습니다. 그러나 이 체험으로 그의 삶이 완전히 달라졌다는 사실만은 분명합니다. 기독교인을 탄압하러 먼 길을 재촉하던 바울이 예기치 않게 예수를 만나고 하루아침에 헌신적인 기독교인으로 변모한 것처럼요. 그런데 처음부터 독실한 유대교 신자였던 바울과 달리 유물론적 세계관에 충실하던 열혈 공산주의자를 신비주의자로 탈바꿈시킨 갑작스러운 체험을 어떻게 이해해야 할까요? 세속적 신비주의는 우리에게 그야말로 거대한 물음을 던집니다.

무엇보다 신비주의는 오랫동안 제도화된 종교와 분리되지 않았습니다. 그런데 앞서 인용한 사례들은 종교가 없는 무종교인의 신비 체험입니다. 종교의 테두리를 벗어났기 때문에 '종교적'이지 않고 '세속적'이지요. 세속화로 인해 무종교인이 늘어나면서 비로소 등장한 현상입니다. 종교를 믿지 않을 자유가 당연해진 상황에서 가능해진 개념입니다. 모든 사람이 특정 종교에 소속되어 있다면, 세속적 신비주의는 불가능합니다. 어떤 체험이든 지배적인 종교 교리에 의해 해석되고, 해당 전통의 유산에 속하기 때문입니다. 그래서 세속적 신비주의는 '교회 밖 신비주의(unchurched mysticism)'라고도 불립니다. 제도 종교 밖으로 나간 신비주의라는 뜻이지요. 무종교인이 늘수록, 즉 사람들이 종교의 테두리를 많이 벗어날수록 세속적 신비 체험의 사례는 많아질 겁니다.

세속적 신비주의의 중요성에 주목한 페이퍼(Jordan Paper, 1938~)에 따르면 이런 유형의 체험은 놀라울 정도로 다양한 계기에 의해 촉발됩니다. 공연 중에 춤을 추다가 일어나기도 하고, 잔디밭에 앉아 따스한 햇볕을 쬐는 중에 찾아오기도 합니다. 또 아름다운 풍광을 보다가 비일상적인 합일 상태를 경험하기도 합니다. 의도와 무관하게 찾아오며, 시간과 장소를 가리지도 않습니다.

다시 말해 종교 전통이 명상과 기도를 통해 의식의 변화를 의도적으로 추구해 왔다면, 세속적 신비주의는 여러 가지 요인으로 갑작스럽게 일어납니다. 그런 이유로 '자연발생적(spontaneous)'인 체험이라고도 불립니다. 재너(R. C. Zaehner, 1913~1974)와 같은 학자는 종교적 신비주의를 '성스러운(sacred) 신비주의'로, 제도 종교 바깥의 신비주의를 '세속적(profane) 신비주의'라고 분류하기도 했지요.

특히 쾨슬러의 사례는 자연발생적 유형의 체험이 체험

자의 유물론적 세계관과 충돌할 수 있다는 점에서 흥미로우면서도 동시에 우리를 당혹스럽게 만듭니다. 그가 종교와 신비주의를 아예 받아들이지 않았는데도 불구하고 체험이 발생했으니까요. 세속적 맥락의 자연발생적 체험이 체험자의 세계관과 의도에 어긋나 일어난 것이지요. 콕스헤드(Nona Coxhead, 1914~1998)는 자신의 책 『The Relevance of Bliss: A Contemporary Exploration of Mystic Experience(지복의 적절성: 신비체험의 현대적 탐구)』에서 자연발생적 체험의 이런 특성을 간결하게 요약합니다.

> 자연발생적인 체험은 예기치 않게 그저 일어난다. 그럴만한 이들에게나 혹은 그럴 것으로 보이지 않는 이들에게도, 또 신자나 불가지론자 혹은 무신론자에게도 동일하게. 그리고 젊거나 나이든 이들에게도, 교육을 받거나 받지 않은 어떤 인종이나 피부색의 남녀에게도, 지위에 무관하게 어느 때나 세계의 어느 곳에서도.
>
> -『The Relevance of Bliss』 중에서(필자 번역)

세속적 신비주의에 대한 사회적 관심은 아직 미미합니다. 종교학도 그리 주목하지 않는 분야입니다. 여기에는 여러 가지 이유가 있습니다. 우선 체험의 보고 자체가 이루어지기 힘듭니다. 무종교인의 경우 신비주의라는 개념에서부터 체험의 내용에 이르기까지 관련 지식이 아예 없을 가능성이 크기 때문입니다. 설령 보고되더라도 내용의 신뢰성을 검증하기도 곤란합니다. 자연발생적인 유형이라 체험자의 삶과 체험 사이에 인과 관계가 뚜렷하지 않으니까요. 심지어 쾨슬러처럼 양자가 상충하는 경우도 있지요. 그러니 종교 전통의 신비주의와는 아주 다른 상황에 처해 있습니다.

세속적 신비주의는 연구도 어렵습니다. 무종교인의 자연발생적 체험은 발생 후에나 간신히 포착되기 때문입니다. 그리고 연구가 설령 진행되더라도 그 중요성에 걸맞게 주목받기는 어려워 보입니다. 무엇보다 종교 전통은 자기 종교 바깥의 세속화된 신비주의에 흥미를 느끼지 않을 가능성이 농후합니다. 또 종교가 없거나 종교적 세계관을 거부하는 이들 역시 이 주제를 궁금해할 이유가 전혀 없습니다.

설령 어렵사리 연구가 진행되더라도 연구의 내용이나 결과 역시 환영받지 못할 개연성이 큽니다. 종교적 세계관과 비종교적 세계관 모두와 부합하지 않을 가능성이 높아서 그렇지요. 종교인과 유물론자 모두 임사 체험에 관심을 두지 않는 것처럼 말입니다. 종교인들은 자기 종교의 사후 세계 묘사와 임사 체험자들의 보고가 다르다는 대목에서 실망합니다.

반면 유물론자는 체험의 내용을 착각이나 망상에 불과한 것으로 단정하고 싶어합니다.

무종교인의 증가는 필연적으로 세속적 신비주의의 확산으로 이어집니다. 말 그대로 교회 바깥에서 일어나는 자연발생적 신비 체험이니, 종교를 떠나거나 믿지 않는 사람들이 많아질수록 발생 빈도도 높아질 테니까요. 그렇지만 종교 전통의 신비가들에게나 일어날 법한 체험이 무종교인에게 갑작스럽게 발생하는 사건은 기존의 종교적 세계관이나 유물론적 세계관으로 깔끔하게 설명되기 어렵습니다. 그러니 세속적 신비주의는 당분간 관심의 사각지대에서 커다란 물음표로 남아 있으리라 예상됩니다.

그러나 인간이 종교적인 존재인지, 또 종교가 앞으로 우리 곁에 여전히 남아 있을지 여부를 물으려 한다면 세속적 신비주의는 반드시 짚고 넘어가야 할 현상입니다. 최근처럼 '제도화된 종교'와 '인간의 종교성' 사이에 불일치와 균열이 뚜렷하게 목격되는 상황에서는 더더욱 말이지요.

'무종교의 종교'라는 역설적 표현은
개인이 제도화된 종교 밖에서
직접 자신의 종교성을 구현하려는
새로운 시도를 의미한다.

5장

무종교의 종교
(Religion of no Religion)

제도 종교의 테두리 밖에서 표출되는 새로운 형태의 종교성이 등장했습니다. 이 현상은 '무종교의 종교', '종교를 넘어선 종교'와 같은 역설적인 표현으로 묘사됩니다. 템플스테이, 산티아고 순례길 여행, 대학의 명상과 수행 수업이 대표적이지요. 이런 현상들은 힐링과 치유의 노력으로 해석되기도 합니다. 현대인들이 종교적 배경이나 믿음과 무관하게 종교적 공간과 종교의 수행법을 활용해 심신의 치유를 적극적으로 모색한다는 겁니다.

개종할 의향이 없는데도 사찰이나 성지 순례길과 같은 종교적인 공간에서 자기 삶의 의미를 찾으려는 시도는 전례가 없었습니다. 또 종교가 없거나 다른데도 특정 종교의 명상 수행법을 활용해 심신을 치유하려는 노력 역시 예전에는 보기 어려웠습니다. 탈종교 현상과 맞물려 등장한 현대인의 힐링과 치유 시도는 인간의 종교성을 과거와는 전혀 다른 시각에서 바라볼 것을 요청합니다.

종교를 넘어선 종교

종교가 탄생하고 성장하며, 소멸하는 현상은 인류 역사에서 끊임없이 목격됩니다. 그러나 20세기 이후 종교 영역에서 나타난 변화는 과거와 사뭇 다른 특성을 보여 줍니다.

크리팔(Jeffrey J. Kripal, 1962~)은 미국의 영성 공동체 '에살렌(Esalen)'을 다루는 책 『Esalen: America and the Religion of No Religion(에살렌: 미국과 무종교의 종교)』에서 60년대 이후 등장한 영성 추구 노력을 '무종교의 종교(the religion of no religion)'라고 묘사합니다. 이 표현은 종교학자 슈피겔버그(Frederic Spiegelberg, 1897~1994)가 만들었습니다. '모순 형용(oxymoron)'처럼 보이는 이 개념은 무슨 뜻일까요?

슈피겔버그는 나치의 탄압을 피해 미국에 망명한 후 스

탠포드(Stanford) 대학에서 오랫동안 동양 종교를 가르쳤습니다. 그는 동서양 종교가 만나는 시점에 제도 종교 밖에서 표출되기 시작한 새로운 종교성을 포착하려는 목적으로 역설적인 표현을 만든 것이지요. 종교학자 최준식의 '종교를 넘어선 종교' 역시 같은 뜻입니다. '무종교의 종교'와 '종교를 넘어선 종교'는 언뜻 종교를 부정하는 것처럼 보입니다. 그러나 종교라는 같은 단어를 겹쳐 사용함으로써 전통적인 종교와도 연결되지만, 동시에 차별화된 종교성이 모색되고 있음을 보여주려 합니다. 즉, 연속성과 차이를 동시에 드러내고 있습니다.

'영적이지만 종교적이지 않은(SBNR: Spiritual But Not Religious)'이라는 개념도 비슷합니다. 얼랜슨(Sven Erlandson, 1967~)이 저서 『Spiritual but Not Religious: A Call to Religious Revolution in America(영적이지만 종교적이지 않은: 미국의 종교 혁명 요청)』에서 처음으로 사용했지요. 풀러(Robert C. Fuller, 1952~)가 그 뒤를 이어 『Spiritual, but not Religious: Understanding Unchurched America(영적이지만 종교적이지는 않은: 교회 밖으로 나간 미국 이해하기)』라는 책에서 그 의미를 학문적인 관점에서 더 자세하게 다룹니다.

이들의 주장은 명료합니다. 현대 들어 제도 종교의 테두리 밖에서 종교성을 구현하려는 시도가 처음 등장하는데, 이를 '종교'나 '종교적'과 같은 전통적 개념으로 묘사하기 어렵다는 겁니다. 그래서 '영성(spirituality)', '영적인(spiritual)'과 같은 단어를 비롯해 여러 가지 역설적인 표현을 채택한 것입니다. 제도 종교 밖의 종교성을 포착해 보겠다는 뜻입니다.

이런 추세는 현대 사회의 변화로 인해 더 가속화되고 있습니다. 세속화 현상은 종교의 권위를 현저하게 축소시켰습니다. 종교는 선택의 대상이 되었고, 종교를 믿지 않을 자유도 당연해졌지요. 베버(Weber)가 '탈주술화(脫呪術化, dis-enchantment)'라고 표현한 것처럼 사회는 종교의 절대적인 영향력에서 벗어났습니다. 과학을 필두로 한 세속적 학문은 종교의 영향력을 한층 약화시켰는데, 무종교인의 증가가 대표적인 징후입니다.

그런데 이 과정에서 제도 종교에 소속되어 있지 않으면서도, 종교적 세계관을 유지하는 사람들이 처음으로 등장합니다. '종교인-비종교인'이라는 이분법적 도식으로 파악할 수 없는 이들이 출현한 것이지요. 나아가 그들은 종교의 테두리 밖에서 자신의 종교성을 직접 구현하려고 시도합니다. '소속되어 있지 않지만 믿는다(Believing without Belonging)'라는 표현이 이런 특징을 간결하게 요약합니다.

우리의 경우 교회는 '안 나가'지만, 자신을 기독교인이라 생각하는 이들을 '가나안' 신도라고 부릅니다. '안 나가'를 재치 있게 뒤집어 표현한 것인데, 같은 맥락에서 이해될 수 있는 현상입니다. 유대인이 가나안에 돌아가기 위해 오랫동안 광야를 유랑했던 것처럼, 교회에 다시 오길 바라는 교인들의 희망이 담겨 있겠지요. 이처럼 과거에는 없었던 변화를 설명하기 위해, '영성'이라는 단어를 포함한 다양한 표현을 활용하고 있는 것입니다.

영성은 본래 기독교 전통에서 신과 인간을 매개하는 원리를 뜻했습니다. 단어의 어원은 라틴어 '*spiritus*'로 '호흡'이라는 의미를 지닙니다. 같은 뜻을 가진 그리스어 '*pneuma*'의 번역어로 육체를 움직이는 비물질적인 원리를 지칭합니다. 물질로 이루어진 육체가 살아 있음을 보여주는 가장 뚜렷한 특징이 호흡이니까요. 영성이라는 개념은 근대 이전에는 기독교와 분리된 적이 없었습니다.

그런데 현대 들어 전혀 다른 상황이 전개됩니다. 이제 영성은 제도 종교에는 속하지는 않지만, 자신이 물질적 차원을 넘어선 '더 큰 무엇'의 일부라는 사실을 수용하는 태도를 의미하게 되었습니다. 또 그것과의 관계를 회복하려는 개인의 열망과 노력을 포괄합니다. 현상 세계 너머를 인정한다는 점에서는 기존 종교와 궤를 같이하지만, 특정 종교에 소속되지 않는다는 측면에서 결정적인 차이를 보입니다. '영적이지만 종교적이지 않다(SBNR)'라는 표현 역시 종교적 혹은 형이상학적인 세계관을 수용하지만, 제도 종교의 테두리에서 벗어나 있다는 뜻입니다.

새로운 영성 개념의 확산은 통계로도 확인됩니다. 개별 종교에 속하지 않지만, 형이상학적 세계관, 즉 종교적 세계관을 수용하는 사람들이 늘어난 것이지요. 퓨 리서치(Pew Research Center)의 2010년 조사에 따르면, 전 세계에서 가장 신도 수가 많은 종교는 기독교(31.5%)이고 그 뒤는 이슬람(23.2%)입니다. 같은 조사에서 무종교인은 16.3%로 나타났습니다. 그런데 같은 기관의 2015년 조사에서는 무종교인의 수치가 21%로 늘어납니다. 해마다 1% 가까이 매우 빠른 속도로 증가한 것입니다.

주목할 대목은 무종교인이 빠르게 늘었지만, 신과 같은 초월적인 존재나 보이지 않는 차원을 받아들이는 무종교인이 적지 않게 존재한다는 사실입니다. 그 비율이 프랑스는 30%였고, 미국은 무려 68%에 달했습니다. 세속화 추세에도 불구하고 무종교인 중에서도 철저한 유물론적 세계관을 견지하는 이들이 생각보다 많지 않다는 것이지요. 게다가 무종교인 11억 6,000만 명 중 62%인 7억 명이 공산주의 국가인 중국 본토인이라는 사실을 고려하면, 여타 지역에서 유물론적 세계관을 가진 사람의 수는 당연히 더 감소합니다.

우리도 비슷한 추세를 보입니다. 2021년 한국 갤럽의 조사에 따르면 무종교인의 비율이 60%에 달했지만, 무종교인 전체가 유물론적 세계관을 갖는 것은 아닙니다. 이 사실은 초자연적 차원의 수용 여부에서 드러납니다. 무종교인 중에서 절대자 혹은 신의 존재는 18%, 사후 영혼의 존재는 23%, 극락/천국과 같은 사후 세계는 19%, 기적은 45%가 받아들인다고 응답했습니다.

특히 영혼의 존재에 대한 답변이 흥미롭습니다. 긍정(23%)과 모름(21%)의 합이 44%였고, 부정적이라는 응답은 55%였습니다. 즉, 무종교인의 절반 정도가 영혼과 같은 비물질적 실체에 대해 긍정이나 유보의 태도를 보여준 겁니다. 요약하자면 제도 종교와 개인의 종교적 세계관 사이의 균열이 뚜렷하게 관찰되고 있는데, 이는 전례가 없던 일입니다.

이러한 상황에서 무종교인들이 신비적 합일 체험과 같은 비일상적인 경험을 보고하는 세속적 신비주의마저 등장했습니다. 체험자가 종교를 가지고 있지 않으니, 기존 종교 교리로는 해석되기가 어렵습니다. 세속적 신비주의라는 현상을 액면 그대로 수용한다면, 개인의 비일상적인 체험이 전통적인 종교와 분리되는 상황마저 나타난 것이지요. 종교 체험이라 불릴 수 있는 경험이 종교 전통과 종교적 교리 체계에서 벗어났다는 뜻입니다.

그래서 이 체험들은 종교적 교리가 아닌 심리학과 같은 비종교적인 분야의 용어로 묘사되고 해석됩니다. 쾨슬러를 포함한 세속적 신비주의의 보고 사례에서 확인되듯이요. 즉, 제도 종교 밖의 종교성이 '마음'과 '체험'이라는 두 개념 위에서 구현되고 있는 것이지요. 이 점은 제임스와 칼 융의 종교심리학에서도 이미 확인된 바 있습니다. 그들은 무의식 혹은 잠재의식으로 불리는 마음의 깊은 층위가 개인에게 드러나고 인식되는 사건을 종교 체험이라고 정의했으니까요.

이와 같은 특성은 인간 존재의 내면에서 초월적 혹은 궁극적 차원을 모색하려는 신비주의에서 거듭 확인됩니다. 흥미롭게도 제임스와 융은 똑같이 신비주의에서 종교성의 핵심을 찾았던 인물입니다. 그들은 인간의 마음에는 개인적 차원을 넘는 '초(超)개인적(transpersonal)' 층위가 존재하고, 이것이 의식 변형의 체험을 통해 개인에게 인식될 수 있다고 보았습니다. 특히 마음의 심층적/초개인적 차원이 신비적 합일 체험으로 확인될 수 있다는 것이지요.

한편 세속적 신비 체험의 보고에는 체험자가 자신의 내면에서 무한과 영원과 같은 초월적 특성을 인식했다는 사실이 공통적으로 포함됩니다. 그 점에서 종교 전통의 신비가들과 큰 차이를 보이지 않습니다. 다만 세속적 신비주의는 체험의 묘사 과정에서 신이나 섭리와 같은 전통적인 종교의 용어를 채택하지 않을 뿐입니다. 대신 그들은 심리적 용어를 적극적으로 활용하고 있지요.

요컨대 '마음', '종교 체험', '신비주의', '심리학'이라는 개념이 세속적 신비주의라는 현상으로 수렴되는 경향이 최근 나타나고 있습니다. 또 이 과정에서 세속적 신비주의는 '무종교의 종교', '영적이지만 종교적이지 않은'과 같은 역설적 표현들과도 만납니다. 이처럼 개인의 (종교) 체험이 '인간의 마음'을 매개로 심리학과 교차하는 현상은 '힐링'과 '치유'를 추구하는 시도로 이어집니다. 개인의 행복을 만남의 최종 목적으로 삼아서 말입니다.

현대인의 힐링과 치유

세속화와 탈종교 현상은 앞으로 더 심화될 것으로 예상됩니다. 무종교인의 증가 역시 지구적인 추세입니다. 세속화가 덜 진행된 이슬람 국가 역시 장기적으로는 이런 흐름을 피하기 어려워 보입니다. 종교에 무관심한 젊은 세대의 등장은 종교가 마주한 위기를 단적으로 드러냅니다. 이런 상황이 지속되면 종교는 사라질까요? 인간은 더 이상 종교적 존재가 아니게 될까요?

세속화된 사회에서도 인간이 여전히 종교적일 것이라는 주장도 만만치 않습니다. 더 정확하게 말하자면 인간이 '영적인' 존재이리라는 견해이지요. 이렇게 주장하는 사람들은 인간이 자연을 포함해 자신보다 더 큰 차원을 인식하고, 그것과의 연결을 부단히 확인하려 시도한다는 점을 강조합니다. 종교의 테두리 밖에서 혹은 종교와 느슨한 관계를 유지하면서 삶의 의미를 찾으려는 개인들에게 주목하면서 말입니다. 삶의 깊은 의미를 찾는 과정에서 우리는 개인을 넘어서 있는 더 넓은 차원과의 연결을 자연스럽게 모색한다는 입장입니다.

우리 주변에서도 이런 흐름이 목격되는데, 여기에서는 세 가지 사례를 살펴보려고 합니다. 불교 사찰에서 진행되는 '템플스테이(temple stay)'와 스페인의 가톨릭 성지인 '산티아고 순례길(Camino de Santiago) 여행', 그리고 대학에 개설된 '명상과 수행' 수업입니다.

템플스테이는 사찰에 단기간 체류하면서, 명상을 필두로 한 불교 수행 문화를 직접 체험함으로써 심신의 건강을 도모하는 프로그램입니다. 최근 큰 인기를 끌고 있습니다. 한국에서 가장 큰 불교 종단인 조계종은 '템플스테이'라는 홈페이지(www.templestay.com)를 별도로 운영할 정도입니다. 홈페이지에 따르면 2023년에는 200여 사찰에서 500개 이상의 프로그램이 운영되었습니다. 유형도 '체험형, 휴식형, 당일형'으로 나뉘어 제공됩니다. 외국인을 위한 프로그램도 따로 있고요.

불교 신자는 물론 다른 종교의 신도와 심지어 무종교인들도 참여합니다. 비용은 참가자의 부담입니다. 그런데 프로그램을 운영하는 사찰이나 참가자들 모두 불교 개종을 목표로 삼지 않습니다. '나를 위한 행복 여행'이라는 홍보 문구대로 심신의 힐링이 주된 목적입니다. 물론 프로그램의 참여자가 불교 신도가 되는 걸 막지는 않지요. 불교 신도가 신심을 깊게 하려고 참가하기도 하지만, 조계종에 따르면 비불교인들이 참여자의 절반 이상입니다.

불교 신도와 출가자 수가 해마다 줄어드는 상황에서 비불교인이 사찰에서 불교의 수행과 사찰 문화를 체험하려는 의외의 상황이 벌어지고 있는 것입니다. 개종 의사가 없는데도 불교 사찰에서 명상을 체험하는 시도는 유례를 찾기 힘듭니다. 어찌 되었든 고즈넉한 사찰에서 심신을 치유해 참여자가 행복해지는 것이 프로그램의 목적이지요. 운영 사찰이나 참가자 모두 사찰이라는 공간과 불교의 명상 수행이 종교적 배경과 무관하게 심신의 치유에 효과적이라는 사실을 전제로 받아들이는 겁니다.

비슷한 사례로 스페인의 '산티아고 데 콤포스텔라 대성당(Catedral de Santiago de Compostela)'으로 이어지는 순례길을 직접 걷는 여행이 있습니다. 간략하게 '산티아고 순례길'이라고도 불립니다. 길게는 수백 킬로에 달하는 중세 가톨릭의 순례길을 홀로 혹은 소수가 고생스럽게 걷는 이유는 무엇일까요? 그렇게 먼 곳에 있는 가톨릭 성지를 비용과 시간을 들여가면서요. 특히 종교적 배경과 무관하게 말입니다.

『봉정암에서 바티칸까지』라는 정동채 전 문화부 장관의 책은 동서양의 중요한 종교 성지를 순례한 내용을 담고 있습니다. 저자는 독실한 가톨릭 신도이지만, 산티아고 순례길을 포함해 불교, 이슬람교 등 국내외의 성지를 두루 방문했습니다. 그런데 이 책은 단순한 성지 여행기가 아니라, 여러 종교의 가르침을 통해 영성을 깊게 만들어가는 자신의 여정을 담담하게 서술하고 있습니다. 종교의 경계에 구애받지 않는 영적 탐구의 사례라고 해야겠지요. 그 점에서 헉슬리의 영원 철학처럼 모든 종교의 최종 지향점이 같다는 입장을 취합니다.

책의 전반부는 저자가 보름 가까이 걸은 산티아고 순례 경험을 묘사합니다. 순례길에서 만난 여러 나라의 사람들과 교류한 이야기도 등장하고요. 그들 역시 저자처럼 삶의 더 깊은 차원을 직접 찾기 위해 종교 성지를 순례했다는 것입니다. 관광 목적의 방문이 아니라, 종교가 오랫동안 궁구했던 삶의 깊은 의미를 종교 성지에서 직접 찾으려는 영적인 시도로 말이지요. 물론 그들 모두가 가톨릭인 것은 아닙니다.

왜 현대인들이 불교 사찰과 산티아고 순례길과 같은 '종교적' 공간을 찾고 있을까요? 개종하겠다는 의도가 없으니, 전통적인 의미의 종교적 신행(信行)이라고 보기 어렵습니다. 물론 해당 종교를 가진 사람의 경우는 다르겠지요. 하지만 종교적 공간이라는 점에서 무종교인 혹은 다른 종교 배경을 가진 이들의 경우는 우리에게 큰 궁금증을 불러일으킵니다.

최근의 이런 현상은 흔히 개인이 자기 존재의 의미를 발견함으로써 심신의 위안을 찾겠다는 '힐링(healing)'의 시도로 해석되고 있습니다. 힐링은 존재의 전면적이고 심층적인 치유를 도모한다는 점에서 병리적 증상의 해소를 목적으로 하는 '치료'와는 다릅니다. 또 휴식을 목적으로 하는 단기간의 휴가나 여가 활동과도 거리가 분명히 있습니다.

그런데 종교적 공간을 방문할 뿐만 아니라, 명상과 순례와 같은 종교적 활동에 직접 참여한다는 점에 주목할 필요가 있습니다. 심신을 치유해 행복을 찾으려는 과정에서 말이지요. 이는 종교가 힐링의 역할을 오랫동안 맡아왔다는 사실을 비종교인도 인식하고 있음을 보여 줍니다. 그래서 개종의 목적이 없는데도 종교적 '공간'과 '활동'이 선택된 것이지요. 달리 말해 더 큰 차원과의 관계를 회복하겠다는 개인적 열망이 종교적인 공간과 활동의 활용으로 나타난 겁니다. 또 개종 의도가 없다는 사실은 종교성의 구현 노력이 제도 종교와 분리되었음을 드러냅니다.

이런 경향을 뚜렷하게 확인시켜 주는 또 다른 사례가 있습니다. 서울대에 개설된 '명상과 수행'이라는 제목의 교양 수업입니다. 학과의 동료 교수와 필자가 학기 단위로 번갈아 맡는데, 매 학기 100명이 넘게 신청하는 대형 강의입니다. 학생들은 주로 선배나 친구의 추천으로 수업을 알게 되었고, 수강 동기는 일상의 스트레스를 극복해 자기 삶을 더 잘 꾸리기 위해서라고 밝힙니다.

명상은 종교의 대표적인 수행법이지만, 수강생의 80% 이상은 무종교인입니다. 종교가 없는 학생의 비율이 압도적입니다. 그래서인지 명상으로 '깨달음'과 같은 비범한 종교 체험을 얻겠다는 사례는 아주 드뭅니다. 먼저 수강한 선배나 친구들이 불안과 스트레스 해소에 도움을 받았다는 이야기를 듣고 신청한 경우가 대부분입니다. 템플스테이나 산티아고 순례길처럼 명상도 종교적 색채 없이 개인의 심리적 안녕을 위한 유용한 방법으로 받아들여지는 것이지요.

수업은 크게 이론과 실습으로 구성됩니다. 이론적 탐구 시간에는 가톨릭의 '신성한 독서(*Lectio Divina*)'를 비롯해 종교 전통의 다양한 명상법을 소개합니다. 명상 음원을 활용해 '이완(relaxation)'을 다 함께 연습하는 실습은 이론 수업보다 비중이 더 큽니다. 이 수업의 최종 목적이 이론적 지식을 배경으로 삼아 각자가 '나만의 명상법'을 만드는 것이니까요.

우선 학생들은 자신의 마음을 편안하게 만드는 방법을 찾아야 합니다. 무엇을 할 때, 어느 공간에 있을 때, 무엇을 생각할 때 편안해지는지 자세히 관찰해야 하지요. 이 과정을 돕기 위해 심신의 상태를 꼼꼼하게 관찰하는 '의식탐구 일지'를 손으로 직접 적어야 하고요. 나를 편안하게 만드는 요인을 찾은 후에는 그것들을 조합해 보라고 합니다. 학생들은 공간, 음악, 소리, 신체 활동 등을 활용해 각자의 명상법을 만듭니다. 이를 위해 여러 종교의 다양한 수행법도 실습하고, 수강했던 학생들의 경험을 공유하기도 합니다. 또 명상 음원을 활용해 심신을 이완시키는 연습도 매주 함께합니다.

이런 과정을 거쳐 학생들은 부정적인 감정과 생각에 압도되지 않고, 상황을 초연하게 바라보는 일을 한 학기 동안 연습합니다. 나아가 심신의 상태를 의도적으로 변화시키는 방법을 적극적으로 탐구해 실행에 옮깁니다. 요약하자면 자신의 상태를 긍정적으로 만드는 효과적인 방법을 찾아내고 반복적으로 실행함으로써 습관처럼 몸에 익히는 것이지요. '내 마음 상태를 바꾸는 방법을 찾았다'라는 인식도 아주 중요합니다. 자신감은 선순환 구조를 만들어 내니까요.

학생들 대부분은 학기를 마칠 즈음 독창적인 나만의 명상법을 만들어 냅니다. 그 결과는 어떤 과정을 거쳐 명상법을 찾아냈는지를 소개하는 기말 페이퍼로 확인됩니다. 음악 명상, 달리기 명상, 청소 명상, 반려동물 명상, 샤워 명상과 같은 다채로운 내용이 보고됩니다.

학생들은 심신을 있는 그대로 지켜보고, 더 나은 상태로 바꾸는 자신만의 '지렛대'를 여러 가지 시행착오 끝에 발견했다고 생각합니다. 실제로 스트레스를 감소시키는 효과를 보았기에 수업이 끝난 후에도 자신만의 명상법을 계속 활용하겠다고 밝힙니다. 수강생이 줄지 않는다는 사실이 수업의 효과를 간접적으로 확인시켜 줍니다.

그런데 수업 과정에서 발견한 몇 가지 흥미로운 점이 있습니다. 우선 수업 전에 명상 경험이 있던 친구들이 오히려 힘들어하는 경우가 있습니다. 기존의 지식이나 경험이 오히려 나만의 명상법을 찾는 데 방해가 된 겁니다. 특히 이 친구들이 많이 당혹스러워하는 대목은 학기 초에 조언해 주는, 나름 편안한 자세를 취해도 된다는 내용입니다. 학생들은 으레 '완벽한' 명상 자세가 있고, 이를 익히려면 고통스럽지만 참아야 한다고 생각합니다.

심지어 불편한 것이 더 바람직하다고 여긴 탓에 편안한 자세를 꺼리기도 합니다. 과거에도 힘든 자세를 참고 견디다 흥미를 잃고, 그만둔 경험이 있는데도 말입니다. 그로 인해 자신을 책망했다고도 하고요. 심신의 편안함을 얻겠다는 명상이 오히려 고통의 원인이 된 것이지요. 무엇이든 능숙해지기 위해서는 연습과 인내가 필요합니다만, 완벽한 자세라는 이상적인 목표가 도리어 명상에서 멀어지게 했다고 볼 수 있습니다. 한편 명상이 종교에서 유래했고, 모든 종교 전통에 나름의 명상법이 있다는 사실을 처음 듣는 학생들이 대부분입니다. 종교학과의 개설 수업인데도요. 즉, 명상이 종교적 맥락에서 많이 벗어나 있다는 사실을 다시금 드러냅니다.

학기를 마친 후 학생들이 보여주는 반응은 다양합니다. 수행 전통인 종교가 인간의 행복을 목표로 삼았다는 걸 알게 되면서, 종교를 부정적으로 바라보던 태도가 변했다고 답하기도 합니다. 비슷한 맥락에서 무종교인이었다가 처음으로 종교에 진지한 관심을 가지게 되었다는 답변도 있습니다. 또 명상 수업으로 자신의 종교를 더 잘 이해하게 되었다는 반응도 있습니다. 학생들의 다채로운 응답은 종교의 새로운 역할과 의미를 찾는 과정에서 명상이 중요한 돌파구가 될 수 있음을 분명하게 보여 줍니다.

그렇지만 수업을 진행하다 보면 당혹스러울 때가 적지 않습니다. 무엇보다 '공교육 기관에서 종교 전통의 명상법을 가르치는 일이 적절한가?'라는 의문이 듭니다. 명상은 어떤 식으로든 종교와 연결될 수밖에 없기 때문입니다. 즉, 종교적 의미나 색채를 완전히 제거한 후 명상을 세속화된 심리 치료 기법으로만 다루는 것이 적절치 않게 느껴지기도 합니다. 명상은 비범한 종교적 통찰을 얻으려는 목적으로 종교가 오랫동안 발전시켜온 수행법이었고, 종교적 세계관과 분리가 불가능하니까요.

물론 학생들은 종교 전통이 전승하는 방식으로 명상을

배우려는 게 아닙니다. 대다수는 명상을 통해 심신의 건강을 지키기를 희망합니다. 철저하게 세속화된 심리 치료 기법으로 말이지요. 종교적 수행법으로서 명상이 갖는 의미와 내용을 알고 싶어하는 학생은 오히려 소수입니다. 요컨대 종교적 수행법인 명상과 세속화된 심리 치유 기법인 명상 사이의 긴장입니다.

이런 개인적인 고민에도 불구하고 수업의 인기는 당분간 지속될 것으로 보입니다. 템플스테이와 산티아고 순례길 여행처럼요. 무엇보다 불확실하고 변화막측한 시기를 사는 학생들의 스트레스와 불안은 쉽사리 사라질 것 같지 않습니다. 여기에 덧붙여 어떤 방식으로 이해하든지 간에 명상이 여러모로 효과가 있다는 사실은 분명하니까요. 명상이 종교 전통에서 유래했고, 자신들의 시도가 제도 종교 밖의 영성 추구 노력으로 발전하거나, 혹은 그런 식으로 해석될 수 있다는 사실을 학생들이 명확하게 알지 못하더라도 말입니다.

명상과 수행 수업은 종교를 둘러싼 변화가 갖는 의미는 물론 종교의 미래를 가늠하게 만드는 시금석이 될 수 있다고 믿습니다. 하지만 '나만의 명상법'을 만들어 삶의 불안과 스트레스에서 벗어나, 행복해지려는 학생들의 노력을 곧장 '종교적'이라 부르기는 어렵습니다. 그렇다고 심신의 안녕을 찾기 위해 종교 전통의 명상법을 적극적으로 활용하는 태도를 '세속적인' 심리 치료 시도라고만 말하는 것도 여전히 어색해 보입니다만.

인간, 여전히 종교적일까?

앞서 살펴본 세 가지 사례들은 세속화와 탈종교 현상을 곧바로 종교의 소멸로 해석해서는 곤란하다는 점을 강력하게 시사합니다. 무종교인의 증가가 제도화된 종교의 약화를 보여주는 것은 맞지만, 이를 '종교적 세계관'의 몰락으로 보기는 어렵다는 것이지요.

종교적 배경과 무관하게 이루어지는 템플스테이, 성지순례, 명상과 수행 수업은 과거에는 없던 현상입니다. 특히 오랫동안 종교의 고유 영역이었던 명상이 그 테두리를 벗어나는 사건은 더욱 눈길을 끕니다. 이런 추세가 얼마나 지속될지는 알 수 없지만, 종교성의 표현 방식이 과거와 현저하게 달라지고 있다는 사실은 분명합니다. 변화의 종착점을 예측하기 힘들어도 이 사례들이 일시적이라고 보기는 어렵습니다. 비슷한 경우도 많고, 그 내용도 과거와는 현저하게 달라서입니다. 그렇다면 이런 현상의 의미는 무엇일까요?

'무종교의 종교', '종교를 넘어선 종교', '영적이지만 종교적이지 않은' 등의 표현은 전통적인 종교와 종교적 세계관 사이의 균열을 확인시켜 줍니다. 과거에는 '보이지 않는 차원'의 담론이 전적으로 종교의 영역에 속했다면, 이제는 상황이 달라졌습니다. '더 큰 무엇'에 대한 형이상학적 담론과 그것과의 연결성을 확인하려는 시도를 더 이상 '종교', '종교성', '종교적'이라는 단어로 묘사할 수 없게 되었습니다. 종교적 세계관을 가진 무종교인이 등장했으니까요.

이런 정황은 종교와 연관된 단어를 더 신중하게 사용할 것을 요구합니다. 예컨대 템플스테이나 명상과 수행 수업에 참여하는 행동을 '종교적'이라 부르기는 어렵습니다. 그렇다고 그 대안으로 채택한 '영적'이라는 단어 역시 딱 들어맞아 보이지 않습니다. 이 개념 역시 종교 내부에서 오랫동안 사용된 탓에 차별성을 분명하게 드러내기 어려우니까요. 즉, 전통적인 용어들이 최근의 여러 변화를 포착하지 못하는 상황이 발생한 것이지요.

현대인들은 왜 종교적 공간에서 종교적 활동을 하면서 심신을 치유하려고 노력할까요? 종교적 배경과 무관하게 말입니다. 종교가 없거나 종교에 무관심한 대학생들이 종교 전통이 오랫동안 전승해 온 명상을 왜 열심히 배우고 있을까요? 또 쾨슬러와 같은 열혈 공산주의자가 어떻게 갑자기 신비주의자로 변모했을까요? 이렇게 최근 전개되는 일련의 상황은 '종교, 종교성, 영성, 신비주의, 세속화'와 같은 전통적인 개념의 근본적인 의미를 되묻게 만듭니다.

'무종교의 종교'를 비롯한 여러 가지 역설적인 표현들은 이런 고심의 결과입니다. 전통적인 종교와 연속성이 있지만, 예전 용어로는 도무지 묘사할 수 없는 특징이 생겼으니까요. '세속적 신비주의'라는 모순 형용처럼 보이는 신조어도 마찬가지입니다. 이 개념은 상충하는 두 단어를 하나로 묶고 있습니다. '신비주의'는 오랫동안 종교적 현상이었고, 세속화는 종교에 반대되는 모든 것을 총칭했기 때문입니다.

다행스럽게도 당혹스러운 현재 상황을 이해하도록 돕는 두 개념이 있다고 생각합니다. 바로 '개인'과 '정체성'입니다. 우선 '개인'입니다. 세속적 신비주의를 필두로 힐링과 치유, 무종교의 종교, 종교와 종교적 세계관의 분리라는 제반 현상 이면에는 개인이 자리합니다. 근대 이후 개인이 자기 삶의 주체로 뚜렷하게 부상했다는 사실은 종교에도 영향을 미쳤습니다. 개인이 종교의 자유를 전면적으로 행사하면서, 심지어 종교 조직에 속하지 않고도 종교적 세계관을 가지거나 종교의 수행법을 취사선택합니다. 주체적인 개인의 등장이 변화의 중요한 한 축을 이루는 것이지요.

나아가 '개인'의 등장은 '정체성'이라는 단어와 연결됩니다. 현대 사회의 개인은 종교의 테두리를 넘나들면서 자기 정체성의 확장을 추구합니다. 사찰에서 이루어지는 템플스테이는 존재의 온전성을 확인해 심신을 치유하려는 노력이지요. 명상과 수행 수업을 듣는 학생들은 명상을 통해 더 행복해지려는 의지를 표출합니다. 그런데 명상은 자신과 존재 전체의 드러나지 않은 차원을 직관함으로써 더 큰 나의 정체성을 인식하는 계기입니다. 그 외에도 더 큰 무엇과의 관계를 회복해 전일성을 확인하려는 다양한 영적인 추구 역시 마찬가지입니다. 이 모든 움직임은 더 큰 자기 정체성을 찾으려는 개인의 시도입니다.

세속적 신비주의 또한 같은 맥락에서 이해될 수 있습니다. 세속적 신비 체험의 보고는 체험자들이 예기치 않게 자신과 세계를 더 넓은 차원에서 인식하게 되었다는 사실을 드러냅니다. 의식 확장의 체험을 통해 무한, 영원, 일체성, 지복 등을 내면에서 알게 되었다는 것이지요. 즉, 그들은 체험 후에 더 확장된 자기 정체성에 도달합니다. 또 넓어진 자기의 인식은 일종의 우주적 낙관주의를 갖게도 만듭니다. 임사 체험자가 죽음을 덜 두려워하게 되는 사례와 일맥상통하지요.

그런데 우리가 존재론적 관점에서 더 큰 차원의 일부이므로, 확장된 자기 정체성을 부단히 확인해 나갈 수 있다는 주장이야말로 종교의 근본 전제입니다. 나아가 현대적 영성 추구 노력의 최종 지향점이기도 합니다. 힐링, 명상, 템플스테이, 신비주의와 같은 일련의 개념들은 이런 방식으로 '개인'과 '정체성'이라는 씨줄과 날줄을 통해 촘촘하게 엮여 있습니다.

이 사실은 종교심리학의 발전 과정에서도 이미 확인된 바 있습니다. 제임스나 융과 같은 선구자들은 종교 체험, 심리학, 신비주의, 인간의 치유를 관통하는 유기적인 관계를 이론적으로 규명하려고 시도했습니다. 제임스의 종교 체험과 신비주의의 심리학적 연구는 이 사실을 단적으로 보여 줍니다. 또 융의 분석심리학은 종교의 기능을 대체한다는 의미에서 '종교로서의 심리학(psychology as religion)'이라고까지 불립니다. 서구를 중심으로 퍼져 있는 '융 센터(Jung Institute)'는 심리적 치유와 영성 탐구를 함께 추구하는 장입니다.

이 대목에서 엑스터시 개념의 중요성이 다시 부각됩니다. 엑스터시야말로 '개인'이 자신의 '정체성'을 확장하는 결정적인 사건이기 때문입니다. 엑스터시는 익숙한 '나'를 벗어나 지금껏 인식하지 못했던 지점에 서게 만듦으로써, 확장된 '나'를 드러내고 또 인식하게 만듭니다. 과거에 나를 규정했던 정체성의 경계를 넘어서도록 하는 것이지요.

한편 비유적인 차원에서 보면 현대 사회 역시 '집단적 엑스터시'를 겪는 중입니다. 사회의 모든 분야가 정체성의 근본적인 변화와 확장을 경험하고 있으니까요. 결혼, 가족, 직업, 정치, 경제와 같은 모든 영역의 패러다임이 뿌리에서부터 흔들립니다. 종교 역시 예외가 아닙니다. 종교와 종교적 세계관이, 종교와 신비주의가, 종교성과 영성이 분리되었습니다. 그래서 '종교' 개념을 필두로 종교 영역의 모든 단어가 새롭게 정의되는 중입니다. 새로운 정체성을 찾고 있는 것이지요. 현대 사회의 변화가 우리에게 익숙했던 모든 것의 경계 바깥에 서도록 만든다는 점에서 집단적 엑스터시입니다.

그러나 과거의 나를 벗어나 새로운 정체성을 찾는 일은 쉽지 않습니다. 불확실성과 혼란을 직면해야 하니까요. 종교 영역에서도 당혹스러운 상황은 불가피합니다. 최근의 종교 지형 변화를 정체성의 관점에서 보자면, 철저한 유물론자에서 시작해 세속적 신비가, 제도 종교 밖 영성 추구자, 가나안 신도, 냉담자, 극단적인 근본주의자에 이르는 혼돈에 가까운 스펙트럼이 펼쳐지고 있습니다. 그래서 종교가 무엇인지에서 출발해, 종교가 앞으로도 우리 곁에 남아 있을지, 인간은 미래에도 종교적일지를 '진심으로' 묻게 만든 것이지요.

최근의 변화는 심지어 물음의 방식 자체마저 되묻게 만듭니다. 질문을 구성하는 개념이 적실성을 상실했기 때문입니다. 무엇을 '종교'로, 그리고 어떤 특성을 '종교적'이라고 불러야 할까요? '종교를 넘어선 종교'나 '무종교의 종교'라는 표현을 한 단어로 축약할 수 있을까요? 즉, 개념들이 새로운 정황을 더 이상 적절하게 포착할 수 없게 된 것이지요.

우리는 우리 밖으로 도약할 놀라운 자유를 얻었지만, 감당하기 어려운 혼란스러움도 함께 겪고 있습니다. 익숙한 과거에서 벗어났지만, 새로운 정체성은 아직 찾지 못한 것입니다. 한 번도 걸어본 적이 없는 길을 가고 있다고나 할까요. 그렇다면 혼란의 돌파구는 어떻게 찾을 수 있을까요? 해결이 어려운 상황을 마주하면, 우리는 반사적으로 '도피'와 '부인'의 방식으로 반응합니다. 종교 영역에서는 어떨까요?

근본주의자들은 경전을 문자 그대로 해석함으로써 새로운 상황을 해결하려 시도합니다. 과거의 전통적인 권위에 전적으로 의지하는 것이지요. 상황의 새로움을 직면하지 않기 때문에 일종의 도피입니다. 다른 한편에서는 혼란의 원인을 부인합니다. 유물론적 세계관에 근거해 종교 자체를 철저하게 부정하는 태도가 대표적입니다. 종교의 원인을 인간의 공포, 비합리성, 개인의 착각과 망상, 사회 유지의 필요성, 윤리 규범의 요청과 같은 하나의 차원으로 환원한 후, '설명해 내버리는(explain away)' 방식입니다.

두 입장은 정반대로 보이지만, '단언'과 '확신'이라는 태도에서는 큰 차이가 없습니다. 명료하게 보이는 해답이 혼란과 고민 자체를 없애 줍니다. 비유하자면 전자는 '더러워진 아이'를 아예 씻기지 않으려는 것이고, 후자는 더러워진 물 때문에 아이를 버리려 한다고 볼 수 있습니다. 동기가 무엇이든 두 태도 모두 '아이'를 소중하게 여기지 않는 결과로 이어집니다.

전자는 자기 종교가 배타적인 진리라고 확신하고, 그 우월성을 타인에게 강요하기 쉽습니다. 아이는 더욱 더러워지겠지요. 반면 후자는 종교가 오랫동안 인간에게 주었던 위안과 행복 같은 긍정적인 측면을 아예 보려 하지 않습니다. 아이 몸에 묻은 때 혹은 아이를 씻겨서 더러워진 물만 바라보는 것이지요. 또 씻기지 않아 더러워진 아이가 종교의 전모라고 주장합니다. 두 진영은 상대를 맹렬하게 공격하지만, 실제로는 서로를 절실하게 필요로 하는지도 모릅니다.

이런 와중에 두 입장의 어느 편에서도 설명하기 어려운 '무종교의 종교'와 '세속적 신비주의'와 같은 현상이 등장했습니다. 종교적 세계관 혹은 세속적 세계관만으로는 해석하기가 어려운 사건입니다. 전통적인 의미의 종교라고 보기도 어렵지만, 종교와 전혀 관련이 없는 것도 아니지요. 그래서 이 현상들은 과거의 해답이 아닌 새로운 설명을 요청합니다. 하지만 기존 관점에서는 다루기 어려운 탓에, 양편 모두 보려 들지 않습니다.

이렇게 혼돈에 가까운 상황에서 우리는 종교의 정체성을 어떻게 발견할 수 있을까요? 무엇보다 최근의 변화 자체에 더 큰 주의를 기울여야 한다고 봅니다. 새로움의 징후와 특성이 이미 거기에 포함되어 있으니까요. 예컨대 종교 밖에서 더 큰 차원과의 관계를 회복하겠다는 뚜렷한 특징 말입니다. 특히 이 흐름이 무엇을 목적으로 삼는지가 중요합니다. 그 지향점은 다름 아닌 삶의 행복입니다. 존재의 전일성을 인식해 자기 정체성을 확장하고, 이를 통해 심신의 안녕을 찾겠다는 것이지요. 그러니 전통적인 개념의 정의를 보완하거나 종교의 역할과 의미에 대해 논쟁하기 전에, 종교가 주는 효용 자체에 초점을 맞출 필요가 있습니다.

종교의 효용성이 돌파구가 될 수 있다는 사실은 통계로도 확인됩니다. 한국 갤럽의 조사에 따르면 종교가 우리 사회에 도움을 준다는 응답은 2014년 63%였는데, 2021년에는 38%로 급감했습니다. 반대로 도움을 주지 않는다는 응답은 38%에서 62%로 늘었습니다. 불과 7년 사이에 종교의 사회적 역할에 대한 인식이 정확하게 반대로 뒤집혔습니다.

특히 주목할 대목은 종교인과 무종교인의 차이입니다. 2021년의 조사에서 종교인들의 긍정적 응답은 종교별로 59~80%로 나타났지만, 무종교인은 무려 82%가 부정적으로 답했습니다. 엄청난 인식의 격차가 발생한 것이지요. 그 해 전체 인구의 61%가 무종교인이었다는 점을 고려하면, 종교의 유용성에 대한 사회 전체의 인식이 놀라울 정도로 낮아졌다는 사실을 알 수 있습니다.

이 차이가 종교의 미래를 결정짓는 열쇠가 되리라 봅니다. 다시 말해 종교가 우리 사회에 도움이 되지 않는다고 믿는 무종교인이 많아지면, 우리가 아는 종교는 사라질 가능성이 현저하게 커질 수밖에 없습니다. 사회가 종교를 더 이상 필요하다고 생각하지 않는 것이지요. 그런데 이런 상황에서도 종교가 여전히 사회에 도움을 주고 있다고 종교인들이 굳건하게 믿는다면 소멸의 속도는 한층 빨라질 겁니다.

그렇다면 종교가 사회에 주는 도움은 무엇일까요? 그것은 개인과 공동체의 행복일 겁니다. 예수와 붓다는 우리가 자신과 타인을 귀한 존재로 인식하고, 서로를 존중해 모두가 행복해지기를 희망했습니다. 종교의 궁극적인 목적입니다. 다시 말해 종교는 나와 세계의 실상을 올바르게 알아차리고, 모든 존재와 더불어 행복하기를 추구합니다. 수행의 관점에서 보면 올바른 인식은 지성적 수행과 명상 수행으로 얻어지고, 행복의 추구는 윤리적 실천에 해당하겠지요.

종교는 창시자들이 역설한 것처럼 개인과 공동체를 행복하게 만들어야 합니다. 갈등과 고통이 아닌 기쁨과 행복을 주어야 한다는 뜻입니다. 즉, 행복의 실현이 종교를 둘러싼 당혹스러운 상황을 돌파하게 만드는 계기를 제공할 수 있습니다. 설령 모두가 공유하는 종교 정의에 도달하지 못한들 무슨 문제가 있겠습니까. 여태껏 합의된 개념 정의가 없어서 종교가 갈등과 불행의 원인이 되었던 것은 아니니까요.

요컨대 종교가 다시금 기쁨과 행복의 원천이 되어야 합니다. 이를 위해서는 더러워진 목욕물을 버리되, 귀한 아이는 버리지 않는 지혜가 절실하게 필요합니다.

종교가 여전히 우리 곁에 있으려면
과거의 종교는 죽어야 한다.
애벌레가 고치를 벗어 던진 후에야
아름다운 나비가 되는 것처럼.

6장

종교 어떻게 믿을까?

종교는 어떻게 본연의 가치인 인간의 행복을 잘 구현할 수 있을까요? 핵심은 '전통적인' 지혜의 '새로운' 적용입니다. 크게 세 가지를 제안하려고 합니다. 종교가 기쁨과 행복의 원천이 되기 위해서는 어렵기는 하지만, 반드시 걸어야 할 길이라 생각합니다.

첫째, 종교 전통이 많은 시행착오 끝에 얻은 '계정혜삼학' 혹은 '진선미'라는 가치 사이의 균형과 조화입니다. 둘째, 우리 각자의 종교에 대한 이해와 신행이 부단히 발달해야 한다는 점입니다. '변화와 발달'이라고 부를 수 있겠지요. 더 간결하게 말하자면 표층 종교에서 심층 종교로의 변화입니다. 셋째, '통합을 지향하는 종교'입니다. 우리 삶의 전반에는 상충하기 쉬운 대극적 원리들이 관통하고 있습니다. 개인과 공동체, 전통과 혁신, 초월과 내재와 같은 원리가 더 높은 차원에서 통합되어야 한다는 뜻입니다.

균형과 조화: 계정혜와 진선미

종교는 다른 분야가 대체하기 어려운 고유의 가치와 효용 때문에 오랫동안 존속해 왔습니다. 그러나 종교의 의미가 적절하게 구현되기 위해서는 무엇보다 '균형'이 필요합니다. 종교는 날카로운 칼과 같아서 놀라운 쓸모와 함께 상처도 줄 수 있으니까요. 우리는 종교를 통해 삶의 궁극적인 의미를 찾고, 고통과 시련을 이겨 낼 힘을 발견합니다. 또 타인에게 무조건적 사랑과 자비를 베풀어 이상적인 공동체를 구현할 지혜를 얻기도 하지요. 그러나 균형을 잃으면 종교는 서로를 해치는 칼이 됩니다. 그렇다면 어떻게 균형을 잡을 수 있을까요?

종교 전통이 숱한 시행착오를 거쳐 얻어낸 가르침에 주목할 필요가 있습니다. 불교의 '계정혜 삼학(三學)'이나 그리스 철학의 진선미(眞善美)라는 가치 사이의 균형과 조화가 그것입니다. 불교의 삼학에서 계율은 윤리를, 선정은 명상을, 그리고 지혜는 지성을 의미합니다. 진선미에서 진리는 지성적 수행, 선의 가치는 윤리적 수행, 미는 관상(theoria), 즉 명상 수행의 결과입니다. 종교는 우리가 행복해지기 위해서는 독자적이면서도, 서로 연결된 세 분야의 수행이 완성되어야 한다고 주장합니다. 지성적, 윤리적, 명상 분야에서 말입니다.

세 분야는 각각 독자성도 갖지만, 동시에 긴밀하게 연관됩니다. 예컨대 지성적 훈련이 윤리적 완성이나 명상 수행의 결과인 궁극적 실재의 직관을 가져오지는 않습니다. 또 선을 베푸는 윤리적 행위가 지적인 수행이나 명상 수행을 완성시키지 않습니다. 반대로 치열한 명상 수행으로 비범한 종교적 통찰을 얻더라도 이것이 곧 윤리적, 지적 완성을 의미하지 않습니다. 물론 세 차원은 큰 틀에서 연결됩니다. 셋이 모여 통합적인 전체를 이루며, 각 분야의 발전은 간접적이지만 서로 영향을 줍니다. 그렇더라도 세 분야는 고유한 방식으로 완성되어야 합니다.

균형을 잃었을 경우의 위험성을 살펴볼까요. 명상 수행만이 강조될 경우입니다. 명상을 가장 먼저 다루는 이유가 있습니다. 앞서 언급한 대로 세속화된 현대에 이르러 지성적, 윤리적 수행은 종교의 영역을 벗어났습니다. 지성의 훈련은 공교육 기관이 담당하게 되었고, 법률과 규범 역시 더 이상 종교적 세계관의 영향을 받지 않습니다. 반면 명상 수행은 여전히 종교의 영역으로 간주됩니다. 물론 이조차 종교의 경계를 조금씩 벗어나고 있지만, 다른 두 분야에 비하면 아직 종교적 색채가 강합니다. 그래서 종교적 특성이 뚜렷한 명상 수행을 먼저 살피려고 합니다.

인도 출신의 명상가 바그완 슈리 라즈니쉬(Bhagwan Shree Rajneesh, 1931~1990)는 명상 수행이 다른 분야와 균형을 잃을 때 생기는 위험을 단적으로 보여 주었습니다. 그는 동서양 종교에 대한 해박한 지식, 명쾌한 논리와 달변, 종교적 카리스마 등을 고루 갖춘 인물로 세계적인 명성을 얻었습니다. 그의 명상 센터가 있는 인도의 푸나(Poona)는 아직도 많은 수행자가 전 세계에서 찾아올 정도이지요.

그는 어린 시절부터 폭넓은 독서로 지식을 쌓았습니다. 대학에서는 철학을 공부했고, 치열한 수행 끝에 스물한 살 때 종교적 깨달음을 얻었다고 전해집니다. 스물아홉 살에 모교의 철학과 교수가 되었지만, 거침없는 발언 때문에 6년 만에 사직합니다. 그 후 그는 영적 스승인 '구루(guru)'로 변모해 본격적인 활동을 시작했고, 우리나라에서도 80년대에 큰 인기를 얻었습니다.

라즈니쉬의 가르침은 '종교 없는 종교(religion-less religion)'

로 요약됩니다. 윤리라는 명목으로 인간의 욕망을 억압하는 낡은 종교를 벗어나, 개인의 자유를 존중하는 종교를 되찾자는 주장이었지요. 성적 에너지의 자유로운 충족과 함께 '지금 이곳'에서의 즐거움을 강조한 '탄트라(tantra)'가 가르침의 핵심이었습니다. 그러나 추종자들의 자유분방한 성 윤리는 지역 사회의 거센 비난을 불러일으켰고, 주민과의 마찰이 심각해집니다. 그의 명상 센터는 한때 6,000명이 머무를 정도로 번성했지만, 거액의 세금을 추징하려는 지방 정부와의 갈등으로 위기에 처합니다.

곤란에 직면한 라즈니쉬는 1981년 미국 진출을 시도합니다. 그는 '나는 미국이 기다렸던 메시아'라고 선언하고, 오리건(Oregon)주에 8만 평 넓이의 '라즈니쉬푸람(Rajneeshpuram)'을 만듭니다. 이 공동체는 큰 성공을 거두고 그는 왕처럼 생활합니다. 무려 93대의 롤스로이스 세단을 사들이기까지 했지요. 그러나 조직의 급속한 성장은 많은 문제를 일으킵니다. 교단은 모금에 혈안이 되어 젊은 신도들에게 갖가지 핑계로 부모에게서 돈을 타내게 했고, 질서 유지라는 명목으로 도청과 폭행도 서슴지 않았습니다. 지역 주민과의 관계도 점점 나빠져 방화, 공무원 폭행, 살모넬라(Salmonella)균 살포까지 온갖 물의를 일으킵니다.

주민들의 항의가 빗발치자 당국은 교단을 수사하기 시

오쇼 라즈니쉬(Osho Rajneesh) ©Wikimedia

작합니다. 결국 라즈니쉬의 비서 쉴라(Ma Anand Sheela, 1949-)가 이민 사기, 도청, 세균 테러, 방화, 살인 모사, 폭행 등을 이유로 재판에 넘겨져 20년 형을 선고받습니다. 라즈니쉬는 모든 잘못을 비서의 탓으로 돌리고, 전용 비행기로 국외로 탈출하려다 체포됩니다. 그는 사법 당국과의 협상을 거쳐, 40만 달러의 벌금과 허가 없이 재입국하지 않는다는 조건으로 미국에서 추방되지요. 그 후 여러 나라를 전전하다가 결국 인도로 돌아갑니다. 그런데 인도인들은 그의 추방과 여러 나라의 입국 금지를 서구가 동양을 탄압한 것이라 비난하면서, 그를 열렬히 환영합니다. 푸나로 다시 돌아온 그는 불교 승려를 의미하는 '오쇼(和尙)'로 개명하고 가르침을 전하다, 1990년 심장마비로 파란만장한 삶을 마칩니다.

비슷한 시기 미국에서 활동한 또 다른 인도 출신의 묵타난다(Swami Muktananda, 1908~1982) 역시 균형을 잃은 명상 수행의 위험을 보여 줍니다. 그는 정규 교육을 받지 않았지만, 탄트라 전통의 스승들 도움으로 깨달음을 얻었다고 전해집니다.

묵타난다의 주된 가르침은 '쿤달리니(Kuṇḍalinī)'라는 성적·종교적 에너지를 각성시키는 요가였습니다. 그도 라즈니쉬처럼 성적 에너지의 종교적 승화를 강조한 탄트라 수행자였지요. 묵타난다는 신도들의 쿤달리니 에너지 각성을 촉발하는 능력을 지녔던 걸로 전해집니다. 그는 '구루를 선택할 때에는 인품과 행동을 자세히 검토해야 한다'라고 주장했지만, 미국으로 건너간 자신 역시 스캔들의 주인공이 됩니다.

묵타난다는 쿤달리니 에너지를 성적 결합이 아닌 종교적 차원으로 승화시켜야 한다고 부단히 강조했습니다. 성관계는 금지의 대상이었고, 그는 평생 독신으로 살았습니다. 그런데 그가 많은 여성 신도와 성적 관계를 맺는다는 이야기가 갑자기 흘러나오기 시작합니다. 측근들의 폭로도 이어집니다. 그가 매일 저녁 여성 신도들을 침대로 끌어들였다는 내용이었지요. 교단과 묵타난다의 반박에도 불구하고 증언은 점점 늘었습니다.

이 과정에서 그가 주변의 거의 모든 여성을 성적 유혹이나 추행의 대상으로 삼았고, 이런 행동이 인도에서부터 시작되었다는 사실이 드러납니다. 공동체에는 질서 유지라는 명목의 폭행이 횡행했고, 이를 전담하는 인력까지 따로 있었지요. 총기의 불법 소유부터 봉사라는 이름의 강제 노역까지, 그의 교단은 라즈니쉬와 놀랍게도 흡사했습니다. 묵타난다는 자신에게 쏟아진 폭로와 비판을 예수를 비롯한 많은 성인(聖人)이 겪기 마련인 근거 없는 탄압이라고 주장했습니다.

묵타난다의 공동체도 큰 성공을 거두었습니다. 내부 증언에 따르면 그의 교단도 라즈니쉬처럼 스위스 은행에 100만

달러 이상의 돈을 예치해 둔 걸로 전해집니다. 묵타난다는 자신의 스캔들을 다룬 심층 기사가 나오기 직전인 1982년 심장마비로 갑자기 사망합니다. 기사가 나온 후 신도들이 대규모로 탈퇴하면서, 그의 교단 역시 거대한 추문과 함께 막을 내립니다.

두 사람의 스캔들은 깨달음을 얻었다는 동양 종교 지도자를 서구 사회가 달리 보게 만든 결정적인 계기를 제공합니다. 비범한 종교 체험을 앞세운 동양의 구루에게 크게 매혹되었던 서구인들을 깨어나게 만든 것이지요. 왜 서양은 동양 구루에게 그토록 끌렸던 것일까요? 개인의 종교 체험을 핵심에 둔 신비주의가 서구에서는 시종일관 의심의 눈초리를 받았다면, 힌두교와 같은 동양 종교에서는 주류였습니다. 즉, 교리의 믿음보다는 개인의 비일상적인 체험을 목표로 제시했던 동양 종교가 개인주의의 세례를 받고 자란 서구 젊은이들에게 매력적으로 다가왔던 것입니다.

또 성욕을 비롯해 인간의 욕망을 긍정적으로 평가한 측면도 인기의 또 다른 원인이었습니다. 기독교가 욕망을 부정적으로 보아 오랫동안 통제하는 데 주력했다면, 탄트라 전통에 속한 두 사람은 욕망을 종교적인 관점에서 승인했습니다. 바로 이 대목에서 두 사람의 가르침은, 개인주의를 강조하는 풍요로운 환경에서 성장한 탓에 개인적 체험과 욕망에 거리

낌이 없었던 서구 청년들에게 큰 호소력을 가졌던 것이지요. 만남이 씁쓸하게 마무리된 이유는 개인의 종교 체험이 과도하게 강조된 탓입니다. 명상 수행이 윤리적, 지적 측면과 균형을 잃었다는 의미입니다.

균형을 잃은 명상 수행의 사례는 동양에서도 발견됩니다. 일본의 '옴 진리교(Aum 眞理教)'가 대표적입니다. 이 교단은 1995년 도쿄 지하철에서 사린(Sarin) 가스를 살포한 사건으로 악명이 높습니다. 테러를 자행했던 신도들은 동경대 졸업생을 비롯해 고학력의 똑똑한 청년들이 대부분이었습니다. 그런데도 이들은 일면식도 없는 다수에게 치명적인 유독 가스를 살포하는 충격적인 범죄를 저질렀던 것이지요.

교단을 창시한 아사하라 쇼코(麻原彰晃, 1955~2018) 역시 공중 부양을 비롯해 자신의 비범한 종교 체험을 포교 과정에서 시종일관 강조했습니다. 그리고 그 역시 추종자들에게 비일상적 의식 상태를 촉발시키는 능력이 있었다고 전해집니다. 허구나 과장이라는 비판도 만만치 않지만 말이지요. 어쨌든 교단은 비범한 체험을 얻을 수 있다고 대대적으로 홍보했습니다. 결과적으로 아사하라는 치열한 경쟁에서 승리했지만, 삶의 의미를 찾지 못해 내면이 공허해진 젊은이들을 적지 않게 끌어들였습니다. 교주였던 아사하라와 테러에 참여했던 대부분은 2018년 형장의 이슬로 사라집니다. 윤리적, 지적인 측면을 간과한 탓에 파국으로 끝나고 만 것이지요.

세 분야의 균형이 깨질 때의 위험은 명상 수행이 과할 때만 발생하는 것은 아닙니다. 지성적 측면이 지나친 경우도 문제를 야기합니다. 타인에 대한 정서적 배려나 사랑이 결여된 상태에서 교리의 지적 이해나 논리적 정합성만을 강조하기 쉽다는 것이지요. '차가운' 종교가 되기 십상입니다. 게다가 윤리적 감수성이 올바른 방향을 제시하지 않는다면, 과하게 발달한 지성은 이기적인 욕망을 충족시키는 수단으로 전락할 수 있습니다. 덧붙여 명상 수행을 통해 얻어지는 '나'를 비우는 측면도 소홀해지기 쉽습니다. 종교가 지적 이해의 차원으로 축소되는 것이지요. 그 결과 개인의 에고가 비대해지는 '자아 팽창(ego inflation)'이 발생하기도 합니다.

반면 윤리적 측면이 다른 분야와의 균형을 잃고 지나치게 강조되면 율법주의에 빠지기 쉽습니다. 옳고 그름이라는 이분법에 따라 모든 것을 심판하려는 성향이 강해집니다. 이 과정에서 인간을 위한 윤리가 아니라, 인간을 그저 윤리의 규율 대상으로만 간주할 수도 있습니다. 종교사에는 인간적 배려와 공감 능력을 상실한 종교의 폐단이 자주 등장합니다. 예수는 간음한 여성을 돌로 쳐 죽이려는 것을 보고, 죄 없는 자가 나서라고 일갈합니다. 윤리적 규범을 앞세워 타인을 쉽게 재단하고 처벌해서는 곤란하다는 겁니다.

특히 과거에는 종교가 질서를 유지하는 근거로 남용되는 사례가 많았습니다. 종교는 사회 질서의 유지를 위해 죄책감과 공포라는 부정적인 감정에 호소했고, 매우 잔인한 처벌을 가하기도 했습니다. 종교의 이름으로 잔혹한 폭력이 정당화되었던 것입니다. 그래서 종교는 억압과 폭력의 이미지를 갖기 쉬웠지만, 예수가 보여주듯 종교 창시자의 삶이나 가르침과는 분명 거리가 있습니다. 오히려 예수는 용서와 사랑이라는 '윤리적' 가르침을 전했기 때문에 희생되었지요.

한편 윤리적 측면이 지성적 수행으로 뒷받침되지 않으면 맹목적인 사랑의 형태로 나타날 수 있습니다. 넘치는 사랑과 연민이 자칫 나의 모든 행위를 정당화할 수 있다는 겁니다. 특히 타인에 대한 배려나 선행은 상대방의 의사나 자율성을 침해하지 않는 방식으로 이루어져야 합니다. 강압적인 선교나 포교는 곤란합니다. 아무리 좋은 말씀이라 할지라도 상대방의 처지와 입장이 충분히 고려되어야 한다는 뜻이지요. 이런 이유로 윤리 규범의 원천인 사랑과 자비는 반드시 지성적인 차원과 균형을 이루어야 합니다.

나아가 명상 수행으로 획득되는 존재론적 전일성의 인식이 윤리적 행위를 뒷받침할 필요도 있습니다. 나와 남을 차별하는 우월감의 발로로 남을 돕거나, 선행을 하는 자기 모습에 도취해 윤리적 행위가 이루어져서는 안 된다는 의미입니다. 성경의 '오른손이 하는 일을 왼손이 모르게 하라'는 말씀이나, 아낌없이 베풀면서도 베푼다는 마음이나 집착을 만들지 말라는 불교의 '무주상보시(無住相布施)'의 가르침이 이를 확인시켜 줍니다.

'계정혜 삼학' 혹은 '진선미' 사이의 균형과 조화가 중요하다면, 이 덕목이 잘 구현되는지는 어떻게 확인할 수 있을까요? 판단 기준이 무엇인가라는 질문입니다. '전체성의 인식'이라는 앎의 측면과, '기쁨과 행복'이라는 정서적 측면이 그 기준이 될 수 있다고 봅니다.

우선 전체성의 인식입니다. 각 분야의 수행이 잘 진행되면, 자연스럽게 더 큰 전체성의 인식에 도달합니다. 지성적 수행은 우리의 세계관을 확장해 나와 세계의 전모를 파악하도록 돕습니다. 우리는 고등 교육을 받을수록 더 확장된 세계관을 갖게 됩니다. 윤리적 수행 역시 전체성의 인식을 수반합니다. 나와 타자, 그리고 나와 세계가 분리되어 있지 않다는 공감이 바로 그것입니다. 타인과 분리의 느낌이 사라진 상태에서 이루어지는 윤리적 행위야말로 진정한 선입니다. 나를 앞세우지 않기 때문이지요.

한편 명상 수행은 모든 사고 작용은 물론 나라는 에고 의식에서 벗어날 때, 더 큰 무엇과의 전체성이 인식된다고 강조합니다. 몰랐던 차원이 드러나면서, 그것과의 존재론적 연결성을 직관할 수 있다는 것이지요. 단적인 사례로 신비주의는 '존재하는 모든 것이 하나'라는 근원적인 일원성이 개인의 직접적인 체험으로 확인된다는 주장입니다. 즉, 전일성의 인식이 핵심입니다. 최종적으로는 세 분야의 수행이 균형과 조화를 이루며, 유기적인 전체로 통합되어야겠지요.

다음은 기쁨과 행복이라는 정서적 측면입니다. 앞서 언급한 전체성의 인식이 앎의 차원과 연결된다면, 두 번째 기준은 거기에 수반되는 감정의 차원입니다. 지성, 윤리, 명상 분야에서 성취되는 전체성의 인식은 우리에게 순연한 기쁨을 준다는 겁니다.

지성적 훈련으로 진리의 전모를 알아차리는 '아하 경험(aha experience)'은 심신을 기쁘게 만듭니다. 드문 경험이지만, 이 때문에 우리는 지적인 훈련의 노고를 흔쾌히 감내합니다. 윤리적 차원에서 다른 존재와 연결되어 있다는 공감은 확장의 느낌과 함께 놀라운 기쁨을 수반합니다. 친구, 가족, 반려동물, 아름다운 자연 경관 등 그 대상은 다채롭습니다. 끝으로 명상 수행은 존재의 전체성을 직관함으로써 나의 정체성을 넓힙니다. 내가 나밖에 서는 엑스터시의 경험은 '황홀경(恍惚境)'이라는 번역어가 보여주듯, 우리 내면 깊은 곳에 자리한 커다란 희열을 인식하게 만들어 줍니다.

이처럼 '전체성의 인식'과 '기쁨과 행복'이 동전의 양면처럼 결합해 세 가지 수행이 얼마나 발전하고 균형을 이루었는지를 확인시켜 주는 것이지요. 요컨대 지성, 윤리, 명상이라는 세 분야에서 '각자 또 함께' 확인되는 기쁨이 우리를 행복한 존재로 변화시킬 수 있습니다.

변화와 발달: 표층에서 심층으로

다음은 '변화와 발달'입니다. 종교 분야에서는 표층 종교와 심층 종교 개념으로 풀어 설명할 수 있습니다. 표층과 심층은 말 그대로 껍질과 속살을 뜻합니다. 종교에는 껍질의 차원인 표층 종교가 있고, 발전해 나가면서 종교의 참된 속살을 드러내는 심층적 차원이 있다는 것이지요. 변하지 않는 단일한 실체처럼 보이는 종교가 사실은 여러 층위를 지닌다는 겁니다. 외견상 같아 보이지만, 시간이 지나면서 속은 달라진다는 주장입니다. 여물지 않았을 때 시큼한 사과가 잘 익으면 달콤한 맛을 내는 것처럼요.

성경의 『고린도 전서』에 이런 말씀이 있습니다. "내가 어렸을 때는 말하는 것이 어린아이와 같고 깨닫는 것이 어린아이와 같고 생각하는 것이 어린아이와 같다가, 장성한 사람이 되어서는 어린아이의 일을 버렸노라(13장 11절)." 내가 성숙해지면 어릴 적 사고와 행동 방식을 버리고, 어른처럼 변화한다는 가르침입니다. 아이들이 경험과 지식을 쌓으면서 성숙한 어른으로 커가는 것처럼 신앙 역시 성장하고 발전하라는 조언입니다.

우물 안 개구리가 우물 밖으로 나가서 드넓은 세상을 직접 보면, 개구리의 세계관은 필연적으로 확장됩니다. 그처럼 우리의 종교적 신행 역시 표층적인 차원에서 시작하지만, 시간이 지날수록 깊고 넓어져야 합니다. 경전의 독해, 인간과 궁극적 실재에 관한 이해, 타인을 대하는 태도에 이르기까지 믿음의 내용과 행동이 점점 성숙해져야 한다는 뜻입니다. 심층으로의 변화는 자기 정체성과 세계관의 확장을 낳고, 자연스럽게 그에 부합한 행동으로 이어진다는 것이지요.

종교적 신행이 심층으로 발전했다는 걸 어떻게 확인할 수 있을까요? 다시 말해 심층 종교인의 모습은 어떠할까요?

일단 종교 활동의 목적이 다릅니다. 심층적 차원으로 발달할수록 나의 개인적 관심사나 이익이 아니라, 존재의 더 깊은 차원을 깨달아 나의 정체성을 넓히는 것을 지향합니다. 또 지적, 윤리적 성숙을 반영해 경전 등의 교리를 넓은 관점에서 유연하게 해석합니다. 그로 인해 타인을 존중하면서 조화와 공존의 삶을 추구합니다. 요컨대 '나' 중심적 태도에서 벗어나는 것이지요. 아이가 자기 생각과 이익을 고집하지 않고, 타인과 주변을 배려할 때 우리는 철이 들었다고 표현합니다. 심층 종교는 철이 든 종교입니다.

그런데 경전과 교리의 유연한 해석이야말로 심층 종교의 가장 뚜렷한 표식입니다. 이런 태도는 경전의 심층적 차원을 알게 만들어 우리의 세계관을 더 넓게 확장합니다. 또 지적 능력의 발달을 촉진하고, 새로운 해석 가능성에 더욱 열려 있도록 유도합니다. 그 결과 우리는 과거와 달리 더 어른스럽게 행동할 수 있습니다. 이처럼 유연한 경전 해석은 심층 종교의 전제이자 특징이며, 종교 활동을 더욱 심층적 차원으로 이끄는 결정적인 통로가 됩니다.

경전의 심층적 해석 사례를 성경의 창세기에서 확인해볼까요. 우주를 창조한 신은 아담과 이브를 에덴동산에서 살도록 합니다. 그런데 선악을 알게 하는 나무와 영생을 주는 나무를 만든 후 이렇게 이야기하지요. "이 동산에 있는 나무 열매는 무엇이든지 마음대로 따 먹어라. 그러나 선과 악을 알게 하는 나무 열매만은 따 먹지 말아라. 그것을 따 먹는 날, 너는 반드시 죽는다(창세기 2장 16~17절)." 이 대목에서 궁금증이 생깁니다. '따 먹으면 안 되는 나무를 왜?'라는 의문이지요.

그러나 뱀의 유혹에 넘어간 이브가 아담을 부추겨 함께

열매를 먹습니다. 먹은 다음에는 부끄러움에 사로잡혀 각자의 성기를 가립니다. 신처럼 눈이 밝아지는 열매를 먹었는데, 뜻밖에 성적인 수치를 알게 된 것이지요. 이 역시 수수께끼처럼 들립니다. 인간의 성(性) 역시 신이 창조한 것인데도 부끄럽게 여기니 말입니다. 선악이라는 관점에서는 성이 곧 악으로까지 보입니다.

선악과를 먹었는데 성을 인식한 일을 어떻게 해석해야 할까요? 이 사건은 신과 인간의 관계를 근본적으로 변화시켰다는 점에서 아주 중요합니다. 기독교는 이를 신의 뜻에 불복한 최초의 행위인 '원죄(原罪, original sin)'라 부릅니다. 이 일로 인해 두 사람은 낙원에서 추방됩니다.

유대교와 기독교의 일부 신비주의자들은 보다 상징적인 해석을 제안합니다. 이면에 더 깊은 의미가 숨겨져 있다는 것이지요. 그들은 선악과가 성적 차이는 물론 '이원성' 자체를 알려준 사건으로 해석합니다. 성을 뜻하는 영어 단어 'sex'는 분리를 뜻하는 라틴어 '*sexus*'에서 유래했습니다. 남녀의 성은 이원적 나뉨의 가장 뚜렷한 표식입니다. 두 사람은 열매를 먹은 후 성적 차이를 처음으로 인식한 사춘기 청소년과 유사한 태도를 보여 줍니다. 성기를 가린 행위는 인간의 성이 부끄럽거나 악한 것이라기보다는 이원적 분리를 인식했음을 암시한다는 것이지요.

선악과는 성을 필두로 한 인간 삶의 많은 이원성을 상징합니다. 이후 전개된 상황이 이 사실을 드러냅니다. 낙원에서의 추방은 신과 인간의 분리를 뜻합니다. 쫓겨난 아담은 노동을 해야 하지요. 과거에는 자연이 인간을 보살폈지만, 이제는 힘겨운 노동이 필요합니다. 자연과 인간의 분리입니다. 이브의 출산은 부모와 자녀, 삶과 죽음이 나뉘었음을 보여 줍니다. 이제 죽을 수밖에 없는 두 사람은 후손을 낳아 인류를 존속시킵니다. 선악과를 먹는 결과가 죽음이라고 신이 미리 경고했다는 것은 인간이 원래 불멸의 존재였음을 알려 줍니다. 그러니 생명의 나무는 애초부터 조심시킬 필요도 없었지요.

이처럼 선악과는 모든 이원적 분리의 상징이라는 해석입니다. 선은 악으로 인해 성립됩니다. 악이 없으면 선을 선이라 말할 수 없지요. 신/인간, 천상의 세계/물질적 세계, 남/여, 자연/인간, 부모/자식, 삶/죽음과 같은 이원적인 쌍들 역시 동일합니다. 자신의 고유한 정체성이 가능하기 위해서는 정반대로 보이는 대립적인 쌍을 필요로 하는 것이지요.

창세기의 이야기는 또 다른 궁금증도 자아냅니다. 죄는 금지된 행동을 했을 때 성립합니다. 그런데 신은 전지전능(全知全能)하고 무소부재(無所不在)한 존재입니다. 모든 것을 알고 무엇이든 할 수 있으며, 존재하지 않는 곳이 없습니다. 그렇다면 신의 이런 본질에도 불구하고, 선악과의 사건이 가능할까요? 신은 지혜의 나무는 물론이거니와 유혹의 주범인 뱀마저 만들었습니다. 사건에 필요한 모든 것을 창조한 신은 이 사건을 막을 수 없었을까요, 아니면 막지 않았을까요? 신의 본질에 비추어 보면, 막지 못하는 사건은 애초에 불가능합니다. 그럼 더 깊은 해석이 필요하지 않을까 하는 겁니다.

불복의 결과로 모든 것을 잃은 두 사람은 생명의 나무 열매를 먹어야 합니다. 그런데 신이 불 칼을 두어 나무를 지키게 했으므로, 결코 쉽지 않은 과제입니다. 클림트(Gustav Klimt, 1862~1918)는 〈생명의 나무(The Tree of Life)〉라는 작품에서 두 남녀가 나무 아래에서 꼭 끌어안고 있는 장면을 그렸습니다. 무슨 의미일까요? 그림은 모든 이원적 분리가 '결합(union)'으로 해소되는 사건을 묘사하고 있는 것으로 보입니다. 이원성의 첫 인식이 남녀가 성기를 가리는 사건으로 표현되었다면, 남녀의 포옹은 태초의 일원성이 회복되는 순간을 상징하는 것은 아닐까요. 그렇게 보면 포옹은 남녀의 육체적 결합만을 뜻하지 않습니다. 그것은 모든 이원성의 소거이자, 궁극적으로는 신과 인간의 재결합이라 봅니다. 에덴동산에서 경험했던 시원적 상태로의 회복입니다.

신과 인간의 하나됨은 신비주의 전통이 강조하는 엑스터시를 통해 도달됩니다. 재결합을 통해 분리가 해소될 때, 태초의 영생이 되찾아진다는 겁니다. 신과 인간의 관계에서 출

클림트의 〈생명의 나무(The Tree of Life)〉 ⓒWikimedia

발해 선과 악에 이르는 모든 이원적 분리가 없어질 때, 태초의 온전함과 함께 영생이 획득된다는 주장입니다. 실제로 성(性)이란 본래 나눔을 뜻했지만, 시간이 흐르면서 기묘하게도 분리를 없애는 결합의 뜻도 지니게 되었지요.

이런 관점에서 바라보면 아담과 이브의 이야기는 상징으로 가득합니다. 선악과 사건도 액면 그대로가 아니라 더 유연하게 해석될 필요가 있는 것이지요. '전지전능하고 무소부재'한 신의 허락 없이, 인간이 신의 뜻을 어기는 일은 논리적으로 불가능해 보입니다. 그러니 태초의 불복종이 인류의 원죄라는 것도 조금 다른 각도에서 보아야 할 듯싶습니다. 분리가 없었다면, 그토록 갈구하는 재결합과 영생도 불가능해지니까요. 즉, 분리와 재결합의 드라마 자체가 사라지고 맙니다.

누가복음의 '돌아온 탕자'라는 비유도 이런 맥락에서 더 잘 해석되리라 봅니다. 곁을 한 번도 떠나지 않고 그저 순종했던 아들이 아닌, 온갖 나쁜 일을 저지르고 돌아온 아들을 더 반겨주는 아버지 이야기이지요. 아버지를 잊은 채 방탕하게 살았던 아들은 집에 돌아온 후에야 비로소 부친의 큰 사랑을 실감합니다. 처음부터 말을 잘 들었던 아들이나 주변인들은, 돌아온 아들을 극진하게 받아주는 아버지를 선뜻 이해하기가 어려웠겠지요. 물론 아버지의 사랑을 강조하는 설정일 수 있습니다. 하지만 부친의 사랑을 저버리고 자신의 참된 정체성을 망각하는 행위는 그저 악이 아니라, 그 가치와 의미를 진심으로 알게 만드는 장치가 아닐까요.

실제로 아담과 이브의 이야기는 모든 종교가 전하는 분리와 재결합이라는 영원한 주제를 다루고 있습니다. 인간이 존재의 원천에서 분리되었다가, 간난신고 끝에 재결합함으로써 자신의 참된 정체성과 태초의 행복을 다시 확인한다는 신화 말입니다. 망각과 이로 인한 불복종에도 불구하고, '탕자'의 정체성이 아닌 '사랑받는 아들'이라는 참된 정체성을 다시 기억한다는 주제 말입니다.

인도의 '요가(yoga)' 수행 전통이 전형적입니다. 요가는 '결합하다'라는 뜻의 산스크리트어 '*yuj*'에서 유래했습니다. 요가란 눈에 보이는 차원과 보이지 않는 차원, 그리고 신과 인간의 분리를 넘어서도록 만드는 다양한 수행법을 뜻합니다. 요가의 최종 지향점은 신과 인간이 하나가 되는 '범아일여(梵我一如)'의 사건입니다. 요가 전통은 그 방안으로 지혜(*Jñāna*), 헌신(*bhakti*), 선한 행위(*karma*)와 같은 다양한 재결합의 길을 제시한 것이지요.

한편 세계관과 정체성을 확장해 심층 종교로 발달하기 위해서는, 무엇보다 변화가 불가피하다는 사실을 반드시 인정해야 합니다. 삶의 불확실성을 끊임없이 마주할 수밖에 없는 우리에게 절대적 의미 체계인 종교는 든든한 버팀목이 됩니다. 그러나 그 굳건함이 확신으로 기능해, 변화 자체를 거부하도록 만들어서는 곤란합니다.

'문자주의(文字主義, literalism)'는 경전을 문자 그대로 진실이라 여기는 태도입니다. 종교적 율법을 어겼다고 가족들이 여성을 살해하는 '명예 살인'이나, 자기 목숨을 버리면서 이교도의 생명을 빼앗는 '순교'라는 현상이 현대에도 여전히 벌어집니다. 경전에 적힌 그대로 행동한 것이지요. 종교적 교리를 철저하게 준수하면, 삶의 모든 문제가 해결되리라 믿는 근본주의적 태도는 현대인들을 종교에서 떠나게 만드는 주된 이유입니다. 우리가 과거와는 전혀 다른 상황과 문제를 직면하고 있기 때문입니다. 과거의 경전을 액면 그대로 적용해서는 도무지 해결하기 어려운 문제들을 말이지요.

절대적으로 옳으면서 동시에 변화하지 않는 경전 이해는 불가능합니다. 모든 해석과 이해는 개인에게 달려있고, 시간이 지나면서 반드시 변하기 마련이니까요. 읽었던 책을 다시 보면서, 예전에는 알지 못했던 의미를 발견하고 경탄했던 경험은 누구에게나 있습니다. 그런데 왜 과거에는 그런 해석과 이해를 얻을 수 없었을까요? 새로운 텍스트의 이해를 그 시점에는 전혀 짐작도 못 했을까요?

같은 원리로 오늘의 텍스트 이해 역시 앞으로 변하겠지만, 그 내용을 지금 미리 아는 것은 불가능합니다. 이런 과정이 반복되면, 우리는 자연스럽게 텍스트의 해석이 필히 달라질 수밖에 없다는 점을 실감합니다. 그리고 겸손과 함께 유연한 태도가 생기지요. 종교 경전도 예외는 아닙니다. 물론 해석이 깊어지려면 유연함 외에도 지적인 단련이 꼭 필요합니다.

현대 사회에서 종교가 문제의 원인으로 드러나는 결정적인 이유가 이 대목에 있다고 봅니다. 문자주의와 근본주의에 충실할수록 자신의 경전 해석과 이해가 완결되었다고 확신합니다. 그래서 경전의 새로운 해석이나 이해를 거부합니다. 또 그런 굳건한 신념으로 자신과 타인의 종교를 단호하게 평가합니다. 나아가 생각한 바를 행동으로 과감하게 실천하기 십상입니다. 현대 사회의 근본적인 변화를 고려하지 않고, 경전의 문구대로 세상과 타인을 바꾸려는 것이지요. 앞서 살펴본 표층 종교의 전형적인 특성입니다.

그리고 이런 방식은 현대 사회에서 매우 뚜렷한 존재감을 드러낼 수밖에 없습니다. 즉, 사회도 표층적 종교가 목소리와 존재감을 키우니, 이를 종교의 전모라고 여깁니다. 표층 종교와 종교인이 곧 종교 자체가 되는 것이지요. 종교의 영향력과 권위가 현저하게 약해진 상황에서 표층 종교가 종교의 전체 이미지를 강력하게 형성합니다. 이 모습에 실망한 이들은 종교 비판에 그치지 않고 아예 종교를 떠납니다. 심지어 종교가 없으면 개인과 공동체가 더 행복해질 것이라는 견해마저 피력하는 것이지요. 종국에는 젊은이들이 종교 자체에 아예 무관심해지면서 악순환의 고리가 완성됩니다. 그러니 관건은 표층 종교가 심층 종교로 변화하는가 입니다. 다시 말해 신자들이 심층 종교인이 되어야 하는 것입니다.

한편 심층으로 발달하는 과정은 자연스러워야 합니다. 발달심리학이 주장하듯이 모든 사람에게는 고유한 심리적 발달의 경로가 있습니다. 종교의 신행 역시 자신에게 적합한 방식으로 변화하고 발달해 나가야 합니다. 누구나 표층에서 시작하지만, 변화와 발달이 장려되고 주변에서 심층 종교인을 접할 수 있다면, 이 과정은 순조롭게 이루어질 수 있습니다. 우리의 몸과 마음은 자연스럽게 발달해 가기 마련이니까요. 만약 표층에서 심층으로의 변화를 의도적으로 막는다면, 이는 어른에게 아이의 옷을 억지로 입히는 것과 같습니다.

그렇지만 종교의 표층을 그저 부정하고 비난해서도 곤란합니다. 누구나 표층에서 출발하기 때문입니다. 어린아이가 사춘기의 혼란과 고통을 거치지 않고서는 어른이 될 수 없듯이, 심층으로 발달하는 과정 역시 시행착오를 필연적으로 겪어야 합니다. 핵심은 표층의 거부가 아니라, 오늘의 심층이 내일의 표층이 되도록 끊임없이 노력하는 것입니다.

종교 창시자를 비롯해 심층 종교인들을 닮으려 애쓰다 보면, 어느덧 그 자리에 도달할 수 있으리라 생각합니다. 삶의 온갖 풍상을 겪어낸 노인이 한없이 부드러운 미소를 품고 타인을 배려하며 살아가듯이, 종교를 통해 더 지혜롭고 자비로운 존재가 되어야 하는 것이지요. 예수와 붓다가 그 생생한 사례입니다. 이 때문에 수천 년이 지난 지금에도 많은 이들이 종교에서 여전히 영감과 용기를 얻고 있습니다.

최근의 강력한 종교 비판은 표층 종교가 종교의 전부라고 여겨진 탓이 크다고 봅니다. 표층 종교의 독선적인 태도가 종교 고유의 역할과 의미에도 불구하고 사람들을 종교에서 떠나게 한 것이지요. 여기에서 멈추지 않고 종교를 무용한 것으로 바라보게까지 만듭니다. 앞서 살펴보았듯이 이런 현상의 근저에는 뜻밖에도 경직된 경전 해석의 태도가 자리합니다. 정당한 종교 비판은 얼마든지 수용해야겠지만, 표층 종교를 종교의 전모로 단언하는 태도 역시 균형을 잃은 것이 아닐까요. 큰 울림을 주었던 종교인들의 숭고한 삶은 물론 종교가 오랫동안 우리에게 주었던 위안을 간과하니까 말입니다.

대극의 통합과 역설의 수용

끝으로 종교의 의미와 가치를 구현하는 지혜로 '대극의 통합'을 덧붙이고 싶습니다. 이는 우리 삶에서 자칫 대립적 갈등을 빚을 수 있는 원리들이 더 큰 차원에서 조화롭게 통합되는 것을 뜻합니다. 여기에는 개인/집단, 초월/내재, 성스러움/일상성, 남성/여성, 감정/이성, 보수/진보 등과 같은 많은 원리가 있습니다만, 이 대목에서는 '개인/집단', '초월/내재'라는 두 쌍을 집중적으로 다루려 합니다.

먼저 개인과 집단 사이의 균형 잡힌 통합입니다. 개인들은 과거보다 자유로워졌습니다. 예전에는 개인이 기계의 부품처럼 취급되기 쉬웠습니다. 개인은 전통과 집단의 권위를 수용해야만 했고, 집단을 위한 희생도 당연했습니다. 그러나 지금은 개인의 권리와 자유가 본격적으로 강조되는 최초의 시기입니다. 그것도 소수가 아니라 구성원 전체를 대상으로 한다는 점에서도 과거와 다르지요.

종교 분야 역시 마찬가지입니다. 종교 선택의 자유가 전면적으로 보장받고, 심지어 종교의 테두리 밖에서도 개인이 원하는 대로 종교성을 구현하고 있습니다. 종교적 배경과 무관하게 여러 종교의 경전을 마음껏 읽을 수 있고, 종교 전통의 수행법도 취향에 따라 선택할 수 있습니다. 과거에는 교단이 엄격하게 관리하던 개인의 종교 체험도 존중받습니다. 가톨릭의 신비주의자들은 종교 재판으로 목숨까지 잃었습니다. 자신의 체험을 교단이 허락하지 않는 방식으로 해석했기 때문에 탄압을 받았던 겁니다. 경전 해석의 독점적 권한 역시 교단이 행사했습니다. 심지어 자신이 믿는 종교의 경전을 다른 언어로 번역하는 것도 금지되었습니다. 개인의 종교적 자유와 권리가 철저하게 통제된 것입니다.

그러나 이제 종교 체험은 물론 경전의 해석도 전적으로 개인의 권한에 속합니다. 이 과정에서 개인의 자유가 과도하게 강조되는 경향마저 나타납니다. 과거의 집단주의적 경향과 균형을 맞추려는 움직임이겠지요. 개인주의가 지배적인 원칙이 되면서 새로운 위험도 출현했습니다. 윤리적, 지성적 차원과의 균형이 어그러진 채 개인의 체험에 과하게 매몰되는 사례가 빈번해졌습니다. 종교 체험을 각자의 삶으로 통합하는 과제를 개인이 전적으로 맡게 되면서, 불교의 삼학(三學)과 같은 전통적 지혜가 간과되기도 합니다. 숱한 시행착오 끝에 간신히 획득한 지혜인데도 말이지요.

그래서 주체적인 개인이 집단의 전통적인 지혜를 수용할 필요가 절실해졌습니다. 조직과 집단이 개인의 자유를 통제하는 것도 시대착오적이지만, 개인의 자유가 지나치게 강조되면서 그 결과를 개인이 전적으로 떠맡는 상황 역시 위험합니다. 즉, 개인의 권리와 자유가 존중되면서 동시에 공동체의 공공성이 지혜롭게 통합되는 것이 필요합니다. 뜻을 같이하는 개인이 모인 위계적이지 않은 조직처럼요. 한 사람이나 소수가 리더십을 독점하는 게 아니라, 주체적인 개인들이 상호 존중의 바탕 위에서 조직을 운영하는 방식입니다. 우뚝 선 개인이 구성원이 되는 유연한 조직이라고나 할까요. 종교 개혁 당시 개신교가 위계적 조직의 한계를 극복하려고, 성경을 통해 개인이 신을 직접 만나는 일을 강조했듯이 말입니다.

요컨대 개인의 자유가 집단의 공공성과 균형을 이루어야 합니다. 구성원들의 주체성과 지적·윤리적 성숙이 필수 요건이므로 쉬운 일은 아닙니다. 민주주의의 성공을 위해서는 시민 의식을 갖춘 구성원이 요구되는 것처럼요. 과거에는 종교 엘리트와 신도 사이의 격차가 너무 커서 개인과 집단의 조화로운 통합이 불가능에 가까웠습니다. 소수에게 조직 운영의 막강한 권한이 집중될 수밖에 없었지요. 그러나 종교의 테두리 밖에서 영적 열망을 추구하는 개인이 등장한 지금은 가능한 일이 되었습니다.

다음으로는 우리가 몸담고 있는 현실 세계가 초월적 차원 혹은 보이지 않는 차원과 조화롭게 통합되어야 합니다. 초월과 내재의 균형이라고도 부를 수 있겠지요.

크게 두 차원의 접근이 필요합니다. 우선 현실의 세계와 초월적 차원을 균형 있게 아우르는 관점이 확립되어야 합니다. 그 후 일상적인 삶과 종교적 삶 사이의 통합이 모색되어야 하지요. 전자가 세계관과 인식의 차원에 속하는 문제라면, 후자는 삶을 실제로 꾸리는 실천에 해당합니다.

현상 세계와 초월적 차원의 통합은 현대에 더 중요해졌습니다. 과거에는 '초월적 차원에로의 경도'라고 불릴 정도로, 보이지 않는 차원이 과도하게 강조되었습니다. 현실 세계는 기껏해야 '환상'이나 종교적 심판을 위한 '시험의 장(場)' 정도로 여겨졌습니다. 사후 세계 혹은 초월의 세계가 우리가 사는 현실보다 압도적으로 중요하게 여겨졌던 것이지요. 예전에는 삶의 모든 면이 매우 고통스러운 탓에 보이지 않는 차원이 지나치게 이상화되기 쉬웠습니다. 빈곤, 전쟁, 질병 등으로 인해 현실의 삶은 극소수를 제외하고 참으로 고단했을 터이니까요. 그러니 현세보다 내세가 더 가치 있게 받아들여졌을 겁니다. 또는 현실에서 이루기 어려운 희망을 아예 유예하거나, 현실의 부조리와 고통을 정당화하는 태도였을 수도 있습니다.

그러나 이제는 상황이 많이 달라졌습니다. 여전히 현실의 모든 고통을 피할 수는 없지만, 과거에 비해 훨씬 더 많은 이들이 기쁨과 행복을 경험하고 있습니다. 이 대목에서 '욕구의 위계 이론(Hierarchy of Needs)'으로 잘 알려진 아브라함 매슬로(Abraham Maslow, 1908~1970)의 통찰은 경청할 만합니다. 그는 인간의 욕구가 식욕과 같은 생리적 차원에서 출발해 안전, 사랑, 자기 존중을 거쳐 자아실현에 이르는 위계를 이룬다고 주장했습니다. 물론 매슬로 역시 욕구 충족의 순서가 고정불변이라고는 생각하지 않았습니다.

여하튼 요지는 낮은 단계의 욕구가 적절한 방식으로 충분히 충족되지 않으면 다음 단계로 넘어가기가 쉽지 않고, 설령 그렇게 되더라도 온전한 실현이 어렵다는 겁니다. 빈곤으로 의식주도 제대로 해결하지 못하면서, 자기 존중감을 느끼거나 자아실현을 이루기란 아주 어렵습니다. 또 건강한 자기 존중감이 없는 상태에서 진정한 자아실현을 성취하는 일은 불가능에 가깝습니다.

매슬로의 주장은 '문명 전환의 시기에 종교가 무엇을, 어떤 방식으로 추구해야 하는가'라는 물음에 중요한 통찰을 제공합니다. 인류는 과거에 비해 현저하게 풍요로워졌습니다. 의식주의 수준도 월등히 높아졌고, 의학 발달로 인해 질병의 공포에서도 많이 벗어났습니다. 평균 수명도 놀랍게 늘었지요. 높아진 교육 수준과 권리 의식은 각자가 찾은 삶의 의미에 따라 자기를 실현하는 일을 가능하게 만들었습니다. 즉, 현대인들은 더 높은 단계의 욕구 충족을 주된 과제로 삼을 수 있게 되었다는 뜻입니다. 앞서 살펴본 플라톤의 에로스 상승 사다리와도 비슷합니다.

종교도 이런 변화를 적극적으로 수용해야 합니다. 지금 이곳의 현실을 과거와 동일한 방식으로 이해해서는 안 됩니다. 예컨대 현실 세계를 환상이라거나, 고통으로 가득해 하루라도 빨리 벗어나야 하는 곳이라거나, 최종 심판을 위한 시험의 장에 불과하다고 주장해서는 곤란합니다. 현실에 대한 인식이 먼저 바뀌지 않으면, 종교는 초월적 차원에 경도될 수밖에 없습니다.

인식의 차원에서 보이지 않는 차원과 현실 세계가 통합된 이후에야, 성스러움과 일상적 삶의 조화가 모색될 수 있습니다. 종교적 삶과 일상적 삶의 유기적인 통합이 비로소 가능해지는 것입니다. 조화롭지 못한 삶의 예는 많습니다. 삶의 대부분을 개인의 이기적인 욕망 추구에 쏟아부으면서, 법회나 예배에 잠시 참석하는 걸로 구원이 얻어진다고 확신하는 태도가 대표적이지요. 또 훌륭한 종교적 가르침을 소리높여 외치지만, 일상적인 삶의 모습이 이와 다르거나 심지어 상충한다면 이 역시 조화가 깨진 사례입니다. 사찰과 교회 같은 장소는 성스럽고, 그 외의 일상적인 공간은 악과 욕망으로 가득하다고 보는 관점 역시 분열적입니다.

종교의 가르침은 우리의 일상에서 실천되어야 합니다. 비록 그 일이 어렵더라도 말입니다. 원불교를 창시한 소태산 박중빈은 누구보다 이를 강조했습니다. 그는 현대의 물질문명이 경이로운 발전을 이루었으니, 우리의 정신 역시 그에 부합해 '개벽(開闢)'되어야 한다고 주장했습니다. 전면적으로 달라지라는 것이지요. 나아가 종교적 수행이 구체적인 삶을 부정하거나 이와 동떨어져서는 안 된다는 일상 수행의 중요성을 시종일관 역설했습니다.

선불교는 우리의 참된 본성을 소에 비유하고, 이를 찾아 떠나는 수행을 열 장의 그림인 '십우도(十牛圖)' 혹은 '심우도(尋牛圖)'로 묘사합니다. 그런데 십우도의 마지막 그림은 불성을 깨친 후 번잡한 장터로 가서 도움이 필요한 사람에게도 손을 내미는 '입전수수(入廛垂手)'입니다. 가톨릭의 신비가인 아빌라의 테레사 역시 신비적 합일 체험을 필두로 다채로운 종교 체험을 했지만, 현실에서 신의 사랑을 실천하는 일이야말로 어떤 체험보다 중요하다고 강조했습니다. 그리고 생의 마

심우도의 입전수수(立廛垂手)

지막 순간까지 철저한 봉사와 헌신의 삶을 살았습니다.

동서양 종교는 곤경에 처한 사람에게 사랑과 자비를 베풀어, 그들을 고통에서 벗어나게 도우라고 오랫동안 가르쳐 왔습니다. 예수와 붓다는 이를 삶에서 직접 보여주었지요. 구한말 우리나라에 전해진 기독교가 가장 힘썼던 활동은 학교와 병원의 건립이었습니다. 사람들을 무지와 질병의 고통에서 벗어나도록 돕겠다는 사랑의 표현이었습니다. 그래서 당시 기독교는 고통받던 이들에게 '복음(福音)', 즉 복된 소식으로 받아들여졌습니다.

이런 좋은 가르침을 누구보다 소리높여 외치지만 실천하지 않을 때, 종교는 커다란 위선이 됩니다. 그리고 종교가 기쁨과 행복이 아니라, 고통과 갈등의 원인으로 작용할 때 사회는 종교를 염려합니다. 이렇게 우려의 대상이 되었는데도 종교가 변화한 모습을 보여주지 않으면, 사람들은 결국 종교를 떠납니다. 그러니 종교의 귀중한 가르침은 실천을 통해 우리의 일상적인 삶과 조화롭게 통합되어야 합니다.

지금까지 살펴본 대극적 원리의 통합은 자연스럽게 '역설(paradox)'을 수용하는 자세로 이어집니다. 역설은 일견 상식에 어긋나 보이지만, 실제로는 더 높은 차원의 진리를 담고 있는 명제입니다. 상충하는 것처럼 보이는 대극적 원리를 전체성의 관점에서 통합하고 있지요. 잘 알려진 것처럼 종교의 심충적 진리는 으레 역설의 형태를 띱니다.

무엇보다 엑스터시라는 사건 자체가 역설입니다. 내가 내 밖에 설 때, 나는 '과거의 나'에서 '새로운 나'로 변모합니다. 그러나 신비주의자들의 주장처럼 내 속에 더 온전한 나의 정체성이 이미 내재한다면 실상은 반대입니다. 실제로는 내가 내 밖에 서는 것이 아니라, 인식되지 않았던 미래의 내가 드러난 것이라 볼 수 있습니다. 청소년으로 자라날 가능성이 어린 시절부터 우리에게 잠재해 있는 것처럼 말이지요.

동시에 내 밖을 지향하는 엑스터시(ecstasy)는 내면으로 향하는 '엔스터시(enstasy)'에 다름 아니라는 역설도 보여 줍니다. '내 안에 서다'라는 의미의 엔스터시는 엑스터시의 반대로 보이지만, 실상은 역설적인 전체를 이룹니다. 우리는 내 밖에 서기 위해 오히려 내면으로 깊숙하게 들어가야 합니다. 명상과 같은 내부로의 침잠이 뜻밖에도 '나'를 벗어나게 만드는 것이지요. 내면을 향한 움직임이 안과 밖을 넘어선 초월의 차원으로 우리를 이끈다는 얘기입니다. 이렇게 볼 때 '안'과 '밖'은 반대가 아닌 통합된 전체를 구성하는 분리 불가능한 두 측면입니다.

엑스터시를 목표로 삼는 명상 수행 역시 역설 위에 자리합니다. 명상은 '나 자신'을 비우려는 '나'의 치열한 시도라는 점에서 그러합니다. '나'를 없애려는 '나'의 역설적인 노력이니까요. 나를 비우는 데 성공하면 지금까지 몰랐던 내가 새롭게 드러납니다. 직관적인 통찰의 순간에 나는 여태껏 자신을 모르고 있었다는 사실을 비로소 인식합니다. 그 앎 역시 역설입니다. '앎'이 '모름'을 전제로 하면서도 동전의 양면처럼 분리할 수 없는 쌍을 이루니까요. '무지의 인식'이라는 소크라테스의 지혜처럼 앎과 모름이 기묘하게 어우러집니다.

나아가 나를 비우는 노력은 '삶과 죽음'의 대립 쌍 위에 자리합니다. 명상을 통해 과거의 내가 죽고 새로운 내가 인식되기 때문입니다. 죽음과 재탄생이지요. 예수는 이를 '밀알'에 비유합니다. "내가 진실로 진실로 너희에게 이르노니 한 알의 밀이 땅에 떨어져 죽지 아니하면 한 알 그대로 있고 죽으면 많은 열매를 맺느니라. 자기 생명을 사랑하는 자는 잃어버릴 것이요 이 세상에서 자기 생명을 미워하는 자는 영생하도록 보존하리라(요한복음 12장 24~25절)."

이처럼 과거의 내가 죽을 때 비로소 나는 새롭게 태어날 수 있습니다. 그러니 죽음은 삶을 낳는 불가결한 사건입니다. 동일한 원리로 재결합을 위해서는 분리가, 온전한 앎을 위해서는 망각과 무지가 꼭 필요합니다. 역설은 대립 쌍의 한쪽만을 추구해서는 진정한 성장과 발달이 이루어질 수 없음을 우리에게 분명하게 보여 줍니다.

용기는 두려움을 아예 모르는 것이 아니라, 두려움에도 '불구하고' 무엇인가를 시도하는 것입니다. '두려움'이라는 반대의 측면을 포용하지 않을 때, 용기는 용기가 아니라 '만용'입니다. 자기가 틀리거나 모를 수 있다는 사실을 알아차릴 때 진정한 앎이 가능합니다. 무지와 오류 가능성을 허락하지 않는 앎은 진정한 앎이 아닙니다. 만용과 독선은 '단호함'과 '확신'으로 보이지만, 실제로는 '두려움'과 '무지'의 몸짓입니다.

모든 종교는 우리가 알지 못하는 '그 무엇'이 여전히 있다고 끊임없이 역설합니다. 나의 무지를 인식하고, 앎의 가능성에 자신을 열어 둘 때 그 미지의 차원이 드러납니다. 그때 나는 내 밖에 서는 엑스터시를 비로소 경험합니다. 이 사건을 위해서는 미지의 것이 드러나도록 허락해야 합니다. 또한 엑스터시는 지금껏 몰랐던 확장된 정체성은 물론 거기에 수반되는 경이로움도 알려 줍니다.

심층 종교는 대립하는 것처럼 보이는 양쪽 모두를 받아들이고, 그것을 더 높은 차원에서 통합하려 시도합니다. 역설의 적극적인 수용이지요. 안과 밖, 앎과 모름, 삶과 죽음은 통합된 전체를 이루는 분리할 수 없는 양면입니다. 역설은 이런 방식으로 우리 삶의 모든 차원을 관통하고 있습니다. 달리 표현하자면 역설은 곧 전체성의 인식입니다.

심층 종교를 강조한 '어린아이의 일'을 버리라는 성경 구절 바로 앞에는 다음 문장이 나옵니다. "우리는 부분적으로 알고 부분적으로 예언하니, 온전한 것이 올 때는 부분적으로

하던 것이 폐하리라." 나아가 우리가 "어린아이의 일"을 버린 후에 벌어지는 사건을 다음과 같이 묘사합니다. "지금은 내가 부분적으로 아나 그때에는 주께서 나를 아신 것 같이 내가 온전히 알리라." 다시 말해 전일적인 앎에 도달하는 것이지요. 즉, 심층 종교의 본질은 역설을 아우르는 전체성의 인식입니다. 그리고 이것은 성숙한 어른의 일이기도 합니다. 성숙에는 시간, 노력, 인내, 겸손, 용기 등 참으로 많은 것들이 필요합니다. 결코 쉬운 일이 아니지만, 바로 그 이유 때문에 귀합니다.

지금까지 살펴본 '조화와 균형', '변화와 발달', '대극의 통합'의 지혜를 구현하지 않는 종교는 앞으로 사라질 가능성이 큽니다. 더 정확하게 말하자면 종교인이 이러한 덕목을 각자의 삶에서 구현해야 한다고 봅니다.

종교가 여전히 우리 곁에 있으려면 과거의 종교는 죽어야 합니다. '무종교의 종교', '종교를 넘어선 종교'와 같은 역설적 표현들은 '불사조(不死鳥)'가 그러하듯 과거의 종교가 죽은 바로 그 자리에서 새로운 종교가 탄생한다는 사실을 암시합니다. 죽음이라고 표현되듯이 과거로부터의 철저한 탈피가 필요한 것이지요. 애벌레가 고치를 벗어 던진 후에야 아름다운 나비가 될 수 있는 것처럼 말입니다. 이럴 때 종교는 참으로 큰 기쁨과 행복을 우리에게 줄 수 있습니다.

기쁨과 행복의
종교를 꿈꾸며

시대 변화를 반영하는 종교

유학 시절 지도교수가 이런 얘기를 한 적이 있습니다. 붓다 시절에는 '삶이 고(苦)'라는 명제가 참으로 그러했으리라고요. 당시에는 현실의 삶이 정말 고통으로 가득했을 것이라면서 말이지요. 그런데 그 말이 찬물을 확 뒤집어쓴 것처럼 마음에 와닿았습니다.

과거 우리 선조들은 인생의 여러 가지 복(福) 중 하나로 건강한 치아를 꼽았습니다. 언뜻 생뚱맞게 들리지만, 치과 기술이 발전하지 않던 때 겪었을 치통을 생각하면 공감이 갑니다. 오죽 시달렸으면 인생의 복 중 하나로 여겼을까요. 치통도 그럴진대 빈곤, 전쟁, 질병은 삶을 얼마나 고통스럽게 만들었을까요. 그런데 뒤집어 보면 예전 사람들은 인간의 고귀함이나 개인의 자유가 지닌 의미를 오늘 우리처럼 실감하기 어려웠을 듯합니다. 그들 대부분은 자신의 욕구를 분명하게 인식하고 실현할 기회조차 부여받지 못했으니까요. 현대인에게 건강한 치아가 그리 큰 복으로 여겨지지 않는 것처럼요.

달리 말해 과거에는 현실의 삶이 고통으로 가득해서, 그걸 피하는 것만으로도 행복이었을 겁니다. 자아실현과 같은 적극적인 행복은 요원한 일이었고, 행복이란 지금 이곳이 아닌 죽음 이후에나 가능한 것으로 받아들여졌겠지요.

그러나 지금은 상황이 완전히 다릅니다. 현대 사회는 우리의 욕망을 억압하거나 행복을 유예하지 말라고 격려합니다. 다만 타인의 그것을 침해하지 않는 한도 내에서 구현할 것을 요청합니다. 각자가 찾은 삶의 의미를 실현하라는 것이지요. 아직 모두가 동등한 기회를 누리고 있지는 못하지만, 과거에 비하면 눈부시게 발전했습니다. '자아실현, 행복 추구, 의무 교육, 복지, 의료 보험'과 같은 용어들은 구성원들의 행복이 사회의 핵심 가치가 되었음을 보여 줍니다.

종교 역시 이런 거대한 변화의 흐름 속에 있습니다. 종교는 인간 삶이 고통으로 가득했을 시절부터 희망의 소식을 전했습니다. 예수는 비천한 이들 모두가 신의 사랑스러운 아들, 딸이라고 가르쳤고, 싯다르타는 누구나 내면의 불성을 깨달아 붓다라는 귀한 존재가 될 수 있다고 역설했습니다. 동시대인들에게 그 주장은 믿기 힘들 정도로 좋게 들렸을 겁니다. 하지만 예수와 붓다는 그 가르침에 따라 살 수 있다는 것을 직접 보여주었습니다. 그 울림이 하도 거대해서 수천 년이 지난 지금에도 많은 이들이 그들의 말씀과 삶의 모습에서 위안을 발견하고 있습니다.

그런데 가혹할 정도로 힘든 시기에 모든 이들을 따스하게 품어주려 했던 종교가 어쩌다 염려와 걱정의 대상이 되었을까요? 왜 우리는 어느 때보다 빠른 속도로 종교를 떠나고 있을까요? 이런 곤혹스러운 상황을 어떻게 이해해야 할까요?

종교는 다시금 예수와 붓다의 가르침을 '지금 이곳'에서 실천해야 한다고 생각합니다. 종교가 우리에게 희망과 행복을 주어야 한다는 것이지요. 사회가 종교를 염려하는 게 아니라, 종교가 공동체와 구성원들을 진심으로 위로해야 합니다. 그 관건은 결국 '행복'에 있습니다.

'홀로 또 함께' 행복 찾기

신화학자 조셉 캠벨(Joseph Campbell, 1904~1987)은 이런 멋진 말을 남겼습니다. '너의 기쁨을 따르라'는 의미의 'Follow your bliss'입니다. 'bliss'는 지극한 기쁨이나 행복을 뜻하는데, '지복(至福)'이라고 번역됩니다. 우리가 내면에서 느끼는 큰 기쁨을 삶의 안내자로 삼으라는 겁니다. 감정을 존중하되, 특히 각자의 기쁨에 주목하라는 조언입니다.

기쁨의 감정은 양가적으로 작용합니다. 내 삶을 행복으로 이끄는 훌륭한 표지판이 되기도 합니다. 그러나 눈앞의 순간적인 기쁨에만 몰두하거나 내 기쁨에만 충실해 타인의 감정을 훼손할 우려도 있습니다. 따라서 신중한 태도가 필요합니다. 그렇지만 기쁨과 행복은 삶의 최종 목적이면서 동시에 내가 옳은 방향으로 가는지를 계속 확인시켜 줍니다. 내가 무엇에서 기쁨을 느끼는지는 '나'만이 알 수 있으니까요. 기쁨을 키워가는 삶이 우리를 행복한 존재로 만드는 것이지요.

그러니 무엇이 나를 기쁘게 하는지를 꼼꼼하게 살펴야 합니다. 그 기준이 타인이나 사회가 아닌 나에게서 비롯되어야 한다는 뜻입니다. 우리는 타인의 감정을 내 것으로 오해하기 쉽습니다. '남들이 다 기쁘다니, 나도 기뻐'라는 식이지요. 또 내가 느끼는 것이 진짜 기쁨인지도 잘 확인해야 합니다. 거짓 감정도 쉽사리 만들어지니까요. 그래서 그릇된 방향으로 가지 않기 위해서는 기쁨의 느낌 외에도 '지혜'가 필요합니다.

자신의 느낌을 안내자로 삼되, 훈련된 지성의 힘이 든든하게 보조해야 합니다. 행복은 최종적인 목표이고, 기쁨은 여정을 이끄는 방향타가 됩니다. 이 과정에서 지성적 사고가 그 길을 주의 깊게 살피고 내딛도록 도와야 하는 것이지요. 잘못된 길로 접어들었을 때 지성은 그 이유를 발견하고, 같은 실수를 하지 않도록 돕습니다. 하지만 그릇된 길로 갔다는 사실 자체는 우리의 느낌이 재빠르게 알려 줍니다.

한편 행복을 찾는 길에서 타인의 행복을 침해하지 않도록 조심해야 합니다. '자기가 하기 싫은 일을 남에게 시키지 말라(己所不欲 勿施於人)'는 공자의 가르침이나, '남에게 대접받고자 하는 대로 너희도 남을 대접하라(마태복음 7장 12절)'는 성경 구절이 이를 알려 줍니다.

참된 '나'의 행복을 구현하기 위해서는 반드시 '나'와 '타인'의 행복 사이에서 균형점을 찾아야 한다는 것이지요. 나의 행복이 타인의 불행 위에서 추구되거나, 반대로 타인의 행복을 위해 내가 희생되어서도 곤란합니다. 주체적인 개인들이 '따로 또 함께' 각자의 행복을 모색해야 합니다.

종교 역시 개인의 권리와 자유가 그 어느 때보다 중요해졌다는 시대 정신을 전면적으로 수용해야 합니다. 또 저마다의 욕구가 지성의 도움을 받으면서, 타인의 행복 추구와 조화를 이루도록 애써야 합니다. 그러니 종교가 우리의 욕망 자체를 부정하거나, 정반대로 이기적인 욕망을 과도하게 부채질해서도 곤란합니다. 요컨대 '지금 여기(here and now)'에서 모두가 함께 행복해지도록 노력해야 하지요.

'깔깔 웃게 만드는' 종교를 꿈꾸며

'자유(自由)'는 말 그대로 '자기에게서(自) 비롯되는(由)' 그 무엇입니다. 내 기쁨은 내가 가장 잘 알 수 있습니다. 기쁨의 감정은 나에게서 나오니까요. 각자가 느끼는 기쁨의 원천을 찾고 키워나가 행복한 존재가 되는 일이 우리 삶의 최종 목적입니다. 종교는 줄곧 개인과 공동체의 행복을 역설했습니다만, 큰 성공을 거두어 왔다고 보기는 어렵습니다. 종교 무용론은 물론 최근에는 소멸까지 언급되니 말입니다. 종교가 우리 곁에 있으려면 초심으로 돌아가야 합니다. 종교가 갈등과 고통이 아닌 기쁨과 행복을 주어야 하는 것이지요.

인간은 타인과의 사랑은 물론 배움, 베풂, 나눔과 헌신 같은 여러 가지 행동에서 기쁨을 느낍니다. 또 현실의 고통에 절망하고 좌절하면서도, 의연함과 희망을 잃지 않을 수도 있습니다. 종교사에는 그런 고귀한 삶의 모습을 보여준 사례가 적지 않습니다. 그래서 종교는 오랫동안 많은 이들을 위로하고 용기를 주었습니다. 모두가 행복해지는 이상향을 부단히 제시하면서요.

종교가 갈망하는 천국이나 극락이 있다면 어떤 모습일까요? 그 모습을 모두가 확인하기는 어렵겠지만, 적어도 '웃음'이 가득하리라 생각합니다. 모두가 근엄하고 진지한 나머지 아무도 깔깔 웃을 수 없다면 천국이 아니겠지요. 시원시원하고 커다란 웃음은 우리가 기쁘고 행복하다는 확실한 표식이니 말입니다. '지금 여기'의 우리 현실도 그렇습니다. 가정이든, 학교든, 회사든, 나라든 구성원들이 깔깔대고 웃고 있다면, 그곳은 행복한 공간입니다. 종교가 꿈꾸는 지상 천국이자 극락이겠지요.

종교가 웃음을 멀리해서는 안 됩니다. 종교가 인간을 웃게 만들지 못하면 도대체 왜 필요할까요? 그간 종교는 과도하게 진지하고 심각했습니다. 그래서 부드러움과 웃음을 잃었습니다. '심판, 죄악, 말세, 지옥, 악업'과 같은 부정적인 단어는 말할 필요도 없고, 심지어 '구원, 깨달음, 극락, 천국'과 같은 좋은 말조차 한없이 무거워졌습니다. 그래서 현대인들은 종교를 떠납니다. 종교가 더 이상 그들의 가슴을 기쁨과 행복으로 두근거리게 만들지 못하니까요.

절망에 빠진 우리를 희망이 미소 짓게 만드는 것처럼, 우리를 고통에서 벗어나 자유롭고 행복하게 만드는 종교가 '참된' 종교라고 믿습니다. 종교가 우리 모두에게 다시 한번 커다란 웃음을 주기를 소망합니다.

종교문해력 총서 1 종교

종교 이후의 종교
내 안의 엑스터시를 찾아서

2024년 3월 8일 초판 1쇄 발행

지은이 성해영
발행인 박상근(至弘) • 편집인 류지호 • 상무이사 김상기 • 편집이사 양동민
책임편집 최호승 • 편집 김재호, 양민호, 김소영, 하다해, 정유리 • 디자인 쿠담디자인
제작 김명환 • 마케팅 김대현, 김선주, 이선호 • 관리 윤정안
콘텐츠국 유권준, 정승채, 김희준
펴낸 곳 불광출판사 (03169) 서울시 종로구 사직로10길 17 인왕빌딩 301호
대표전화 02) 420-3200 편집부 02) 420-3300 팩시밀리 02) 420-3400
출판등록 제300-2009-130호(1979. 10. 10.)

ISBN 979-11-93454-58-9(04200)
ISBN 979-11-93454-57-2(04200) 세트

값 18,000원

_ '종교문해력 총서'는 재단법인 플라톤 아카데미의 지원을 받아 발간되었음 _